D1725139

Hedeflere Ulaşmanın Yolları

Dr. Paul Hauck

Hedeflere Ulaşmanın Yolları

"Öz Disiplini Oluşturmak ve Geliştirmek Bireyin Kendi İnisiyatifindedir."

Dr. Paul Hauck

rota YAYINLARI

ROTA YAYINLARI • SİYAH BEYAZ SERİSİ

01- Hedeflere Ulaşmanın Yolları

© Paul Hauck

© Rota Yayın Yapım Tanıtım Ticaret Ltd. Şti., 1997
(Onk Ajans Ltd. aracılığı ile)...

3. Basım Şubat 2001

Rota Yayın Yapım Tanıtım Ticaret Ltd. Şti.
•Siyah Beyaz Serisi 05- ISBN 975-7805-59-9

Yayın Yönetmeni	:Günseli Özen Ocakoğlu
Çeviri	:Mert Büyükkarabacak
Dizgi-Tasarım	:Tor Basım Yayın Tic. Ltd. Şti.
Baskı	:Kelebek Matbaası

ROTA YAYIN YAPIM TANITIM TİCARET LTD.ŞTİ.
M.Avni Sözen Cad.No:29 Mecidiyeköy 80290 İSTANBUL
Tel:(0-212) 288 30 87-266 98 66 Fax:(0-212) 272 52 30

İÇİNDEKİLER

HEDEFLERE ULAŞMANIN YOLLARI

DR. PAUL HAUCK Rock Island, Illinois, A.B.D.'de tam zamanlı çalışan bir klinik psikologudur. Amerikan Psikolojik Derneği'nin üyesi olan Hauck psikolojinin çeşitli yönleri hakkında dersler vermiştir ve dergilerde pek çok makalesi yayınlanmıştır.

GİRİŞ

Bu kitapla, dört sene önce yazmayı tasarladığım 4 konudaki kitabın sonuncusuna geliyorum. Bu kitap, ruhsal sorunlar üzerine yazdıklarımın sonuncusu, ama belki de ilk kitap olmalıydı, çünkü bence dördü arasında en önemli olanı. Öz-disiplin olmaksızın depresyonların üstesinden gelmek için ihtiyaç duyduğumuz gayret ve motivasyonu yaratabilmek, belaları alt etmek için gerekli çabayı ortaya koyabilmek ya da kendimizi hepimizin değişmez yol arkadaşları olan kaygı ve korkularla mücadele etmeye verebilmek neredeyse imkansız gibidir.

Ruhsal rahatsızlıklar konusu üzerine dört kitap yazmayı seçtim çünkü yaşadıklarımla gözlemlediğim, ruhsal sorunların çoğunlukla bu dört başlığın kapsamına girmekte olduğu. Psikoterapiye gelen insanların birçoğunun, bu temel sıkıntılardan bir veya birkaçıyla başı derttedir: depresyon, sinirlilik, korku ve zayıf öz-disiplin. Bu yüzden; kendini suçlama, kendine acıma ve başkasına acımayı psikolojik depresyonun ana sebebi olarak gösterdiğim 'Depresyon' ile başladım. Bunu "Sakin Olun!" adlı çalışmam takip etti ve burada "(1) istediklerimi her zaman gerçekleştirmeliyim ve (2) insanlar kötüler ve bana istediklerimi vermiyorlar, bu sebeple iyi bir köteği hakkediyorlar" düşüncelerini, psikolojik sebeplere bağlı düşmanlık duygusunun temel sebepleri olarak gösterdim. Ve üçüncü olarak "Niçin Korkuyorsun?" da korkunun kaygı, kuruntu, sinirlilik gibi bütün biçimlerinin sebebinin, tehlikeli ve korkutucu olduğu düşünülen bir şey üzerinde bitmek tükenmek bilmeksizin kafa yormak olduğunu gösterdim.

Öz-disiplini enine boyuna kavrayabilmek depresyonla, düşmanlıklarla ya da korkuyla başa çıkabilmeyi öğrenmek kadar önemlidir. Aslında insan, öz-disiplini iyi kavrayamamışsa diğerlerinde de hiçbir başarı elde edemeyecektir. Eğer bir dahinin zeka seviyesine sahipseniz ama çizgi romanlar dışında hiçbir şey okumuyorsanız, dünyadaki en yetenekli insan olsanız da azgelişmiş zekalı birinin başarı seviyesine razı olacaksınız: Tarzan'ın vücuduna sahip olabilirsiniz ama zamanınızı bira ve pizza tıkınmakla geçirirseniz, Tarzan olma meselesini aklınızdan çıkarmanız gerekir. Edison, dahiliğin yüzde 10'unun gelen ilhamdan, yüzde 90'ının ise dökülen terlerden oluştuğunu söylemiştir. Bu yüzde 90'lık ter dökme kısmının, gelişmiş bir öz-disipline dayandığına emin olabilirsiniz.

Bunlardan dolayı, hepimizin şimdiye kadar yaptıklarımızdan çok daha fazlasını yapabilme olanağına sahip olduğumuzu iddia ediyorum.

Potansiyellerimizi nadiren ortaya çıkarabiliyoruz çünkü yeteneklerimizin meyve vermesini sağlamak için gereken düzeyde disiplinli değiliz. Eğer gerçekte neler yapabileceğinizi bilmek istiyorsanız, burnunuzu bileyi taşına dayamalı, can sıkıntısına rağmen çalışabilmeli, hayatta karşımıza çıkan kısa fakat zor yollardansa uzun ama basit olanları kullanmayı öğrenmeli ve böylece yeteneklerinizin daha önce hiç olmadığı kadar çok parlamasını sağlamalısınız. Bunu başarabilmenin dünyada sadece bir tek yolu vardır: Disiplinli olmaya alışmalısınız. Bu kitap, size bunu nasıl başaracağınızı göstermeye çalışacak.

Dolayısıyla şimdi, kollarınızı sıvayın, kemerinizi bir delik daha sıkıştırın, derin bir nefes alın. Haydi iş başına!

1

ÖZ-DİSİPLİN ŞAMPİYONLARINDAN BİRKAÇI İLE TANIŞALIM

Hastalıklı Dağcı

Birkaç yıl önce bir kış akşamı işten eve dönerken arabanın radyosundan Los Angeles'da yapılan bir konuşmayı dinlemiştim. Ropörtajın başlangıcını kaçırmıştım ama duyduklarım çok etkileyiciydi onları size kısaca anlatmak istiyorum.

60 yaşlarında, hayatının büyük bir kısmını çok sayıda psikolojik ve tıbbi sorunla boğuşarak geçirmiş olduğu anlaşılan bir adamla ropörtaj yapılıyordu. 30 yaşlarındayken kalp ve akciğer sorunlarından dolayı neredeyse sakat bir insandı. Birçok şiddetli korkusu vardı, bunlardan birisi de yükseklik korkusuydu. Kendisini hiç zorlamaması ve mümkün olduğunca az yorulması tavsiye edilmişti. Yıllarca bunlara uyarak yaşadı ama sağlığında hiçbir gelişme olmadı. Bir gün, kısıtlı ve sınırlı yaşamından dolayı hasta ve yorgun olduğuna ve bu konuda bir şeyler yapması gerektiğine karar verdi. Hemen o akşam gittiği bir lokantada masada otururken, gözü duvardaki bir resme takıldı. Bu Fransa'daki Mt.Blanc Dağı'nın resmiydi.

Hemen o anda yükseklik korkusunu Mt.Blanc'a tırmanarak yenebileceğine karar verdi. Kısa zamanda arkadaşlarına planlarından bahsetmeye başladı. Bir süre sonra birçoğuyla konuşmuştu ama radyoda anlattığına göre, bir gün bile kendisine gülünmeden eve geri dönebilmeyi başaramamıştı. Bunun böyle yaşanmaya devam etmesine seyirci kalmaktansa, yoğun bir güç geliştirme programına başladı. Daha sonra Avrupa'ya gitti, bir rehber kiraladı ve gerçekten de Mt. Blanc'a tırmandı.

O günden sonra, 6 tırmanış daha gerçekleştirdi ve şimdi bunu bir kere daha tekrarlayarak dünya amatörler rekorunu kırmayı hedefliyor. Bir keresinde, tırmanışını -30 derecede ve şiddetli bir kar fırtınası yaşanırken gerçekleştirdi. Bu aşırı yorucu işin altından kalkabilmek için gerekli kondisyonu koruyabilmesi, her gün birkaç mil yürümesini ve havuzda bir düzineden fazla tur yüzmesini gerektiriyordu.

O, Mt. Blanc'ın hayatını kurtardığına inanıyor. Tehlikeli yamaçları tırmanma fikrinden korkuya kapılmak yerine bir mıknatısla çekilmişçesine dağa sürüklenmişti.

Bu orta yaşlı adamın fiziksel özürlü birininkine benzeyen vücudunu tecrübeli bir dağcınınkinden geri kalmayacak bir hale dönüştürebilmesi için ortaya koyduğu disiplini gözünüzde canlandırabiliyor musunuz? Böyle bir olay için yapılan hazırlıkta her g,n millerce koşabilmek ve onlarca tur yüzebilmek için neyin gerekli olduğunu düşünebiliyor musunuz? Bu derece güç bir işten yakayı sıyırmak için bir çoğumuz kaç tane mazeret öne sürecektir? Ne olursa olsun, hastalıklı ve yaşlı bir vücudu bu denli zorlamak için harcanan enerji ve çekilen acıya karşın o, bu özel program sayesinde hayatını kurtarmıştı. Uzun sözün kısası, uzunca bir süre için sağlıklı bir biçimde yaşayabilmişti çünkü "vücuduna özen gösterme" ağır sorumluluğunun altına girmekten kaçınmamıştı!

Albert Ellis

Bu bay, Rasyonel Psikoterapi Araştırma Enstitüsü'nün ve Akılsal-Ruhsal Terapi (RET) adlı psikoterapi ekolünün kurucusudur. Elinizdeki kitap, Dr. Ellis'in ortaya koyduğu ilkeleri kendine temel almıştır. Onun gibi, öz-disiplin sahibi insanların belki de en mükemmel örneklerinden olan birinden bahsetmeden, öz-disiplin üzerine bir kitap yazmak büyük bir hata olurdu. Onu her gören, diğer özelliklerinin olduğu kadar öz-disiplininin de farkına varırdı. Hiç yorulmaksızın büyük bir verimlilikle çalışabilir ve bunu gerçekten tek başına başarabilirdi.

Bu klinik psikolog, hayatının herhangi bir gününde, sabah saat 9.00'da işine gider ve gece saat 11.00'e kadar, öğle ve akşam yemekleri için verilen kısa molalar sayılmazsa aralıksız çalışır. Daha sonrasında kendine gelen mektupları gözden geçirir, cevaplarını yazar ya da yazdırır ve de eğer zaman kalırsa kitap okur. Cumartesi akşamları ise akşam yemeği saatlerinde işini bitirir ve genellikle Enstitü'nün işleriyle meşgul olur ya da yazıyor olduğu kitaplarla uğraşır. Birçok hafta sonu, ülkenin çeşitli yerlerinde konuşmalar yapmak ve grup terapilerini yönetmek üzere şehir dışında olurdu. Psikoterapi, evlilik danışmanlığı ve cinsellik üzerine 200'den fazla makalesi mesleki dergilerde basılmış ve 30'dan fazla kitap yazmıştır. Küçük bir akıl sağlığı merkezinin yapabileceğine eşit miktarda işi tek başına çekip çevirebilir. İspatlamak için yeterli sayısal veriye sahip olmasam da ilerki yıllarda, Albert Ellis'in dünyada en çok hastası olmuş olan pikoterapist olduğu açıklanırsa hiç de şaşırmayacağım.

İşin güzel tarafı, onun, bütün bunların altından kolaylıkla, olumsuz bir stres yaşamadan ve işten aldığı büyük bir keyifle kalkabilmesidir. Çalışmanın sizi mutlaka ve mutlaka mutsuz ya da bitkin kılacağına dair kuruntu, onun kendisini nasıl disiplinli kılabildiğini gördüğümüzde anlamsızlaşmaktadır.

Winfield Overton Franklin

Bir diğer öz-disiplin şampiyonu örneği ise, vücudunu hayal edilebilecek en mükemmel biçimde yetiştirmiş 75 yaşındaki bir adam. 75 yaşına gelmiş insanların birçoğu kendi köşesine çekilir düşmüş omuzlarla ortalıkta dolaşıp öbür dünyaya hazırlanırken; bu adam günde 100'den fazla vitamin alarak 58 yıldır soğuk algınlığına bile yakalanmamıştır. Her g,n güneş doğarken uyanıp, haftada tam 50 mil koşmaktadır. Bir keresinde hiç ara vermeden tam 5000 mekik çekmiştir.

Böyle inanılmaz bir vücuda nasıl sahip olabilmişti? Kendini her aşmak isteyişinde, kendisini sınırlarının biraz ötesine zorlamaktaydı. Bu, çalışmalarından dolayı, hiçbir zaman için, aşırı bir rahatsızlık duymaması anlamına geliyordu. Çünkü, dozu, fark neredeyse hiç hissedilemeyecek kadar ağır ağır arttırmaktaydı.

Yaptıkları arasında en sıra dışı olanı, herhalde, 75. Yaş gününde 75 mil koşmasıdır. Bu hikayenin tamamı Davenport, Iowa'da çıkan Times Democrat'ın 20 Mayıs 1973 tarihli nüshasının "Parade Magasin" adlı ekindeki röportajda anlatılmaktadır. Dergideki bir fotoğrafta, 75 yaşındaki bu dinç adam pistte koşarken, karısı da eşinin turlarını sayarken görülmektedir. Ve tahmin edebileceğiniz gibi, fazladan bir tur atmayı da ihmal etmemiştir! Doğum gününde bile kendisini zorlamaktan vazgeçmemiştir.

Eğer öz-disiplinin ne kadar büyük işler başarabileceğine bir örnek istiyorsanız, bu beyefendi ve başardıkları bana ilham verici gözükmektedir.

San Francisco'yu Bekleyen Adam

Bir gece TV'de Johnny Carson'un programını izlerken 106 yaşındaki bir adamla yapılan röportaja rastladım. Bu adamın olağanüstü yanı, yıllar boyunca evden işe 6 millik mesafeyi koşarak gitmesiydi. 106 yaşındayken girdiği bir yarışta 7 mili 1 saatten az bir zamanda koşmayı başarmıştı ve bunu ispatlayan resmi bir belgeye de sahipti. 100 yaşına geldiğinizde bunu sizde bir ara deneyin!

Geçenlerde kalp ve solunum sağlığım ile ilgili bir test yaptırdım, 1.5 mili ne kadar sürede koşabileceğimi görmek istiyordum. Sonuç 12 dakika 47 saniye oldu ve en az 6 aydır düzenli olarak her gün koşuyor olmama rağmen neredeyse tamamen nefessiz kalmıştım.

Isaac Asimov

Bay Asimov'un bugüne kadar 100'den fazla kitap yazabilmesine olanak sağlayan yol dünyada tektir: Kusursuz bir öz-disiplin. Bazı zamanlar, Yılda birkaç kitap birden yazar. Bunların basit ve kısa kitaplar oldukları da söylenemez. Bazıları oldukça kapsamlı, bilimsel çalışmalardır.

Bazı insanların bir mektup yazabilmek için bir gün boyunca uğraştığını düşünürsek onun yazma konusunda, bir gün içinde bir bölümün tamamını yazabilecek kadar öz-disiplinli ve eğitimli olduğunu rahatlıkla görebiliriz. Bazı insanlar, ömürlerinde tek bir kitap yazmakta zorlanırken bu adam, mevsimden mevsime, yılda 3-4 tanesini üretebilmektedir. Bu nasıl mümkün olmaktadır? Bay Asimov, ne istediğini ve istediği şeyi ona ancak sıkı bir çalışmanın sağlayabileceğini bilmektedir ve sonuç olarak, sorundan kaçmaktansa onun üzerine üzerine gitmektedir. Öz-disiplinin önemli ilkelerinden bir tanesi de budur.

Michalengelo

Sistine Mabedi'nin tavanındaki o muhteşem resmi yapmak Michalengelo'nun tam 4.5 senesini almıştır. Yapmaktan çok büyük bir keyif de almamasına ve günler boyunca sırtüstü yattığı yerden çalışmak zorunda olmasına rağmen bu şaheseri tamamlamıştır. Onun gerçek aşkı heykeltıraşlıktı. Bugün onu unutulmaz kılan sanat şaheserlerinin bazılarının yaratılmasında çelik öz-disiplininin rolü büyüktür. David adlı heykeli ve Preta'sı, sanat yeteneğinin olduğu kadar öz-disiplininin de büyüleyici ve muhteşem örneklerinden sadece ikisidir. Bir kaya parçasını yontarak biçimlendirmenin kendisi başlı başına inanılmaz zahmetli ve zaman isteyen bir iştir. Yeteneği ne kadar büyük olursa olsun, eğer bu yeteneği kullanabilmek için gerekli tahammül ve öz-disipline sahip olmasaydı, bugün izlediğimiz anıt eserleri meydana getiremeyecekti.

Çeşitli Örnekler

Golf oynayan kör bir adam düşünebiliyor musunuz? Bu mümkündür ve de gerçekleştirilmiştir. Kaliforniya'da yaşayan bir adamın senede 25 tane maraton koşabilmiş olması yeterince dikkat çekicidir. Fakat söz konusu koşucunun ayak parmaklarının, topuklarının ve ayak kemiklerinin olmadığını da hesaba katınca, bu düzeyde bir tahammül ve dayanıklılığa erişebilmek için, sahip olduğu büyük öz-disiplinden dolayı ona hayran oluyorsunuz.

Peki, en uzun mesafeli gol vuruşunda ülke rekorunu elinde bulunduran adam hakkında ne demeli? O da, ayak parmaklarını kaybetmiş biriydi.

Olimpik bir yüzücü, tıkanan akciğerleri ile ilgili geçirdiği bir ameliyattan sadece iki gün sonra 2 altın ve 2 gümüş madalya kazanmıştı. Böyle bir başarıya imza atabilmek için gerekli olan şey nedir sizce? Hiç şüphesiz ki bol miktarda cesaret ve özgüven. Peki bunlar nereden kaynaklanmaktadırlar? Genellikle, mükemmel bir öz-disiplinden.

Rev. Bob Richards, eski bir Olimpiyat Şampiyonu, bir kişinin şampiyon olabilmesi için illa da iri kıyım olması gerekmediğine dair görüşümüzün canlı ispatıdır. Buna karşılık, şampiyon olacak kişi öz-disiplin sahibi olmak zorundadır. Bu söylediklerimiz, şampiyonların hepsinin nasıl olup da 1.80 m. boylarında yaklaşık 80 kilo ağırlığında olabildiğini açıklamaktadır. Dünyanın bütün sıskaları, biraz daha cesaret! Hiçbir şey, bütünüyle kaybedilmemiştir. Eksik olan adaleleri öz-disiplin sahibi olmak kaydıyla telafi edebilir ve bedensel ya da bedensel olmayan uğraşlar söz konusu olduğunda bir süpermene dönüşebilirsiniz. Gandhi'den söz edildiğini hiç duydunuz mu?

Bahsettiklerimiz öz-disipline giden yolu işaret eden birçok şampiyondan sadece birkaçı. Onlarla aynı hedeflere sahip olmayabiliriz, fakat hedeflerine ulaşabilmek için kendileri üzerlerinde kurdukları denetimi rahatlıkla alkışlayabiliriz. Onlar kendi kaderlerine hakimdirler çünkü öz-disipline ulaşan gizli yolu keşfetmişlerdir. Öz-disiplin olmaksızın, onların bütün yetenekleri ve de en güzel niyetleri, neredeyse hepimizin her yıl aldığı ve genellikle arkasını getiremediği kararlardan farklı sonuçlar yaratamayacaktı. Birçoğumuzun şampiyon olmamış olmasının altında yatan gerçek işte budur.

Bütün yapmak istediğim, öz-disiplini denetiminiz altına alabilmeniz için size yardımcı olabilmek. İşte o zaman, onu istediğiniz zaman kullanabilirsiniz, birisi buna mecbur olduğunuzu söylediğinde ya da yenilmiş olduğunuzda ve diğer bütün olasılıklar ortadan kalkmış olduğunda değil. Böyle bir yeteneği, her an emrinize hazır olacak şekilde cebinizde bulundurmak hayatınızı çok daha kolaylaştıracaktır. Öz-disiplin sahibi olabilmek için gerekli potansiyele sahipsiniz - hepimiz buna sahibiz. İhtiyacımız olan tek şey, onu ne zaman kullanmamız gerektiğine karar verebilecek duruma gelmektir. Bu kitabın temel hedeflerinden bir tanesi şu olacaktır: Yapmayı çok istediğiniz bir şeyi yapmak istediğiniz zaman yapabilmenize yardımcı olmak.

2

VAZGEÇMEK NEDEN BU KADAR KOLAY?

Sağlam bir öz-disiplin geliştirebilmenin teknikleri üzerinde konuşmaya geçmeden önce, öz-disiplinin neden geliştirilmesi bu kadar zor olan bir yetenek olduğu sorusunu soralım. Öz-disiplin söz konusu olduğunda bu kadar çok kendini tekrarlayan sorunlarla neden karşı karşıya kalmaktayız?

Zayıf Öz-disiplin Doğal Bir Özelliktir

İnsanın doğası gereği, bazı davranış özelliklerinin edinilmesi daha kolay olurken, diğer bazılarının edinilmesi ise oldukça zordur. Zorlayıcı bir durumdan uzak durmak, olabileceklerin en doğalı gibi görünmektedir. Çünkü anlık tatminler bizi rahatlıkla baştan çıkarabilmektedir. Bu, insanların, yani hepimizin, davranış yapısında vardır.

İnsanlar sıkıntıya gelemezler. Bundan dolayı, sıkıntılardan hemen kurtulmaya çalışır ve kendilerini en kestirmeden ferahlatacak yolu seçerler. Ancak, söylediklerimizden, böyle yapmanın çok sağduyulu ve sağlıklı bir tavır olduğu anlamı çıkmaz. Gelecek sayfalarda göstermeye çalışacağım gibi, mümkün olan en kısa yoldan mutluluğa ulaşmak o an için keyif verici olabilir fakat uzun vadede düşünüldüğünde, maliyeti son derece yüksek ve üzücü sonuçlar yaratabileceğini de akıldan çıkarmamak gerekir.

Bebeğin Yaşamını Sürdürebilmesi İçin İstediği Her Şeyin Anında Karşılanması Gerekir

Bir bebeğin bütün ilgisi ihtiyaçlarını acilen gidermek üzerinde odaklanmıştır. Bir çocuk eğer maması için çok uzun zaman beklemek zorunda kalırsa, ciddi bir biçimde hastalanabilir. Kendisine yetecek kadar uyuyabilmelidir, yoksa huysuzlaşacaktır. Narin derisinde isilik ya da bir diğer hastalık oluşmaması için altı pis olduğu halde uzun süre bekletilmemelidir. Bir diğer deyişle, bebekken, hepimiz, ihtiyaçlarımızın hızla karşılanmasına şartlanmıştık. Bakıma muhtaç olduğumuz o çocukluk yıllarında yaşamımızı böylelikle sürdürebilmiştik.

Fakat, bu şartlanmanın bize getirdiği bir de maliyet vardır. Bu şartlanma hayatımızın belli bir dönemi için sağlıklı ve gerekli idi. Fakat, artık her istediğimize anında ulaşabilme beklentisini kırmak zorundayız ve yetişkinler olarak, bunun artık böyle gitmeyeceğinin farkına varmalıyız. Aslında genellikle, bunun tam da tersi doğrudur. İstediklerimize anında ulaşmak, bu istekleri tatmin etmenin genellikle en zararlı biçimidir. Hedefe ağır ağır ulaşmayı seçmek daha kolay ve daha az zahmet vericidir.

Zayıf Öz-disiplini Ödüllendiriyor muyuz?

Sigorta şirketleri, bazı insanların, mahkemelerden yüksek tazminatlar koparabilmek için sahte hastalıklar uydurduklarının bütünüyle farkındadır. Hayatı dolu dolu yaşayıp yeteneklerini geliştirmektense bazıları, bütün bunlardan vazgeçmelerini sağlayacak bir kazayı memnunlukla karşılayabilmektedirler, çünkü hayatlarının geri kalan kısmında çalışmayacak olmalarından dolayı olacakları tazminatlar maddi yönden caziptir. Bu tercihi yapanlar, uzun vadeli değil de sadece o anki çıkarlarına göre davranmaktadırlar. Yeni bir yetenek edinip bunu işine uygulayacağına, 50.000 $ lık bir tazminatı tercih edebilir ve hayatının daha sonraki birkaç yılını, verandasında volta atarak, hiçbir şey yapmadan geçirebilir.

Zayıf öz-disiplini ödüllendirme eğilimi hızla, toplum için ciddi bir sorun haline gelmektedir. İnsanlar, özellikle duygusal rahatsızlıklarını, stresli durumlardan kaçınmanın mazereti olarak kullanmaktadırlar. Sinir bozuklukları, sıkıcı işlerden uzaklaşmak, eşlerden ayrılmak ya da şefkat ve ilgi talep edebilmek için gerekçe olabilmektedir. Sorunların üzerine gerçekten gidip, süreç içinde onlara hakim olmaktan ve yetişkinler gibi davranmaktansa, isterik ve dramatik yıkımlara teslim olmaktadırlar. Böyle davranmanın semeresini alabildikleri olmuştur; ama emin olun ki bu davranışları uzun vadede onlara pahalıya mal olur. Böyleleri, gelebilecekleri olgunluk düzeyine asla ulaşamazlar. İşlerini halletmek için, ruhsal sorunlarını ifade ettikleri sahneleri birbiri ardına sergilemek zorundadırlar. Sinirli sinirli sallanır, saçlarını çekiştirir, tabaklar fırlatır, kalp krizi geçirmekten kaygılanır ve sinirli olmanın diğer belirtilerini gösterirler. Ne yazık ki, çalışma yasaları, insanların hastanede yatmalarını kolaylaştırmaktadır. Bu durumda, disiplinsiz bir insanın, zorluklarla dolu yaşlı dünyadan uzaklaşarak "tatile çıkma" isteğinde, depresyon veya sinir nöbeti geçireceğine, deliler gibi içki içeceğine ya da intihara teşebbüs edeceğine, son kuruşunuz için bile bahse girebilirsiniz. "Hastamız" modern bir hastaneye kaldırılacak, kendisine bol bol ilgi ve şefkat gösterilecek, orada kalması için yeterli düzeyde ruhsal sıkıntı sergileyebildiği müddetçe de işe gitmek zorunda kalmayacaktır. Kısacası sigorta şirketi ve çalıştığı şirket (ki onun bir an önce işinin başına geri dönmesini beklemektedir) onu hasta olduğu için ödüllendirmekte ve işten uzak kalmaya teşvik etmektedir. Bedensel rahatsızlıklarının iyileştiği tam olarak kanıtlanamayan yetişkinler, hastalık hastalarının akla gelebilecek en uç örneklerine dönüşmeye özendirirler. Bunlar bir sefahat dönemi yaşamaya karar verirler ve hastalıklardan kurtulmaktan yan çizmeye başlarlar çünkü bu şekilde yaşamlarını sağlayacak paraya, hiçbir zahmete katlanmaksızın sahip olabilmektedir. Hastalıkları karşılığında sahip oldukları bu büyük ödül, sıkıntılarını yenebilmek için gereken kuvvet ve disiplini geliştirmek istemelerini zorlaştırmaktadır.

Bir askerin, bacaklarındaki bir rahatsızlıktan dolayı kapasitesinin % 75'ini kullanamayacak durumda olduğunu düşünelim. İnsana değer verilen bir ülkede bu genç adama yapılacak hastalık yardımı, cömertçe yapılmış bir jest olarak değerlendirilebilir. Fakat, sağlam bir karakter sahibi olmadıkça, bu aylık ödemeler, muhtemelen, gereğinden fazla güvende hissetmesine yol açacak ve rahatsızlıklarını yenerek, bu aylık çeklere muhtaç olmayacağı bir noktaya ulaşmak için gerekli çabayı harcamasını engelleyecektir. Böylece yardım ödemesi, aksini yapabilecekken, kendisini iyileşme fikrine adamasını engelleyen ve kötürüm kalmasına yol açan bir araca dönüşmektedir.

İş dünyasında, bel kemiklerini sakatlayan ya da duygusal rahatsızlıklar yaşayan insanlar sayesinde, bu problemle aralıksız bir biçimde karşı karşıya kalmaktadır. Bu tarz sorunlarla karşılaşan insanlara rahat koşullar sağlanarak, işten el çektirilmektedirler. Hasta olduğu için fazlasıyla ücret alabiliyor olmak, neredeyse iyileşmeyi özendirmemektedir. Bu yüzden kendilerine bu tarz düzenli ödenekler ayrılan hastalardan bazıları, anlık rahatsızlıklarından dolayı sonu gelmez bir zaman dilimi boyunca tam anlamıyla düşkün ve öz-disiplinsiz bir yaşamı sürdürebilmektedirler. Oysa bu paraya güvenmeyip, duygusal yönden güçsüz bir insan olmaya nasıl direnebileceklerini öğrenirler ve aylık hastalık ödemelerinden olabildiğince çabuk kurtulmaya çalışırlarsa, ilerisi için kendileri adına çok daha iyi bir şey yapmış olacaklardır.

Hastanelerin psikiyatri ünitelerine, bütün harcamaları karşılanarak devam eden birçok insanla karşılaştım. Şirketlerinin cömertçe sağladığı olanaklardan faydalanmadıkları zaman olabilecekleri kadar motive olamadıklarını gözlemledim. Durumları hakkında bir parça kaygılı olmaları onları çok daha sağlıklı kılabilirdi; çünkü bu, onların endişeleri ya da depresyonları üzerinde daha fazla durmalarını, uğraşmalarını sağlayabilirdi. Tehlikenin kapıda olduğunu bilen biri, şeytan tırnakları, baş ağrıları ya da huysuzluk dolayısıyla yakınmaya yeltenmeyecektir. Şirketler ya da devlet tarafından sağlanan sigorta güvencesinin bizi içine ittiği durum, bazen tam da bu örnekte anlatılan mızmızlık olabilmektedir.

Başımızın dertte ve gerçekten sıkıntı içinde olduğumuz zamanlarda hayırsever bir davranış ve büyük bir yardım olarak düşünülen şeyden faydalanarak sorunlarımıza karşı kayıtsız ve zayıf davranışlar gösterebiliriz. Ve sonuç olarak, bütün bu sürecin en acı verici sonuçlarından biri de iyi bir çalışma hayatı geçmişine sahip, başarı tutkusu olan kimselerin ruhsal olarak kusurlu insanlara dönüşmeleri olmaktadır. Böyleleri, kendilerine yapılan prim ödemelerini kullanarak kazanacakları paraya güvenir hale gelmektedirler. Bu, aslında hiç de kabul edilmemesi gereken bir insan kaynakları kaybıdır ve oldukça da sık yaşanmaktadır. Son kertede, iş gelip öz-disipline dayanmaktadır. Bir hastalıktan kurtulmak gibisinden zor bir işten sakınmayı, daha sonrasında yeniden ayağa kalkabilmek için gerekecek ağır işlerden daha kolay saymaktadırlar.

Kumar, bedeli bazen çok çabuk ve cömertçe ödenen, baştan çıkarıcı yanı çok belirgin olan bir alışkanlıktır. Zengin olma konusunda son derece sabırsız olan birisi, şansının yüzüne gülmesiyle kendisini zengin edecek olan at yarışlarının ya da oyun masasının cazibesine kolaylıkla kapılabilir. Dezavantajlı bir konumda bulunsa bile genellikle sadece sıkı bir çalışma ile elde edilebilecek bir şeye kavuşabilmek için, dönüp dolaşıp bu "armut piş, ağzıma düş" çözümlerde karar kılacaktır. Birkaç doları riske atarak orta derecede bir vurgun yapabileceği olgusu bu sabırsız insanları hiçbir surette çalışmamaları gerektiğini düşünmeye kışkırtmış görünmektedir. Böylece tüm paralarını kumarda kaybedebilmektedirler. Tim böyle bir insandı. Başkalarının kendisinden çok daha iyi durumda olduğunu görmek onu neredeyse çıldırtmaktaydı. Çok çalışma ve kazandığı parayı biriktirme yöntemini denedi ve hiç de azımsanamayacak bir banka hesabına sahip olmayı başardı. Fakat bu "uzun kolay yol" onun için fazlasıyla yavaştı. Hedefe "kısa zor yol"dan ulaşmaya karar verdi. Bundan dolayı, geceleri poker oynamaya ve yerel hipodromu düzenli olarak ziyaret etmeye başladı. Fark edilemeyecek kadar kısa bir sürede bütün biriktirdiklerini kaybetti. Bu süreçte elbette ki birkaç kere kazandı; fakat bunlar asla, kayıplarını karşılayacak düzeyde olmadı. Yaşadığı büyük çöküşün sebebi, kısa yolun kolay olduğuna dair yanlış inancıydı.

Bir süre danışmanlığını yaptığım, bana da mahkeme tarafından yollanan biri vardı. Kentin kalburüstü dükkanlarından birinden pahalı giysiler çalarken yakalanmıştı. Önceki birkaç yıl içinde, yerel dükkanlardan onbinlerce dolarlık mal çalacak kadar başarılı olduğunu da itiraf etmişti. İyi giyinmeye düşkündü ve her yere iki dirhem bir çekirdek gidebilmeyi bir ihtiyaç olarak hissediyordu. Bunu karşılayacak parasal imkanlara sahip olmadığı açıktı, dolayısıyla ihtiyaç duyduğu şeyi çalıyordu. Bu yasadışı hırsızlık eylemini haklı çıkarabilmek için, en sıradan ve çocukça bahaneleri kullanmıştı. Örneğin, dükkanlardan çalmasının hiç kimseye bir zararı olmadığı, çünkü hepsindeki malların sigortalı mallar olduğu konusunda çok ısrar etmişti. Ayrıca, o fakirdi, karşısındakiler ise zengindi. Diğer insanların parasını çalmaya, ne kadar zengin olurlarsa olsunlar, hakkının olmadığının farkına varması için çok uğraşmıştım. Ona hırsızlık yaparak, satış mallarının diğer potansiyel alıcılar için maliyetlerini arttırdığını anlattım. O ise, hala yaptığı işin doğru olduğuna inanmaya devam ediyordu. Güzel bir elbise giydiğinde inanılmaz bir biçimde uçup gidiveren, çok güçlü bir aşağılık kompleksine sahipti. Ayrıca, çalmanın çalışmaktan daha kolay olduğuna inanıyordu. Ona, bir psikologla konuşuyor olduğunu, bir sicile sahip bulunduğunu ve ayrıca mahkemelerin onu yaptıklarından dolayı birkaç yıl için cezaevine koymaya neredeyse hazır olduğunu hatırlattım. Hala, nasıl olur da kolay yolu bulduğu konusunda ısrarcı olabilirdi? Gerçekten de kısa yolu seçmişti; ama bunun uzun vadede kesinlikle zor olan yol olduğu ortaya çıkmıştı.

Geçmişte bu işte her zaman için başarılı olduğundan dolayı tedavinin en zor kısmı, onu hırsızlık yapmaktan vazgeçirmeye çalışmak olmuştu. Başarı olasılığının bire beş olduğunu biliyordu ve avantajlar bu kadar büyük olduğundan vazgeçmek istemiyordu. Belli bir süre için hapse atılmadığı müddetçe bu alışkanlıktan kurtulabileceğine inanmadığımı ona dürüstçe ifade ettim. Bu söylediğimin kesinlikle doğru olduğuna katılması onu akılsızca davrandığına ikna eden şey oldu. Böyle bir durumda, cezaevi sözcüğü psikoterapiden çok daha fazla etki yaratabilmektedir, çünkü bu insan, başkalarının özel mülkiyeti söz konusu olduğunda hiçbir ahlaki değere sahip olmayan biriydi. O aynı zamanda, pek de olgunlaşmamış ve şımarık bir insandı. Sürekli olarak yoksunluk içinde bir çocukluk yaşamış olmasından şikayet ederdi ve yaşça büyümüş olsa da şımarık bir bireydi. Dünyanın ona bu hayatı borçlu olduğuna ve başkaları onun yaşadığı yoksunluklarla dolu geçmişi yaşamamış oldukları için,onların sahip olduklarını çalabilme hakkı olduğuna içten bir biçimde inanıyordu. Böyle insanlar ahlak üzerine dinledikleri vaazlardan genellikle pek bir şey öğrenmezler. Bunlara, bizle hemfikir olsalar da olmasalar da uzun vadede işlerin kendi canlarının yanmasıyla sonuçlanacağını, zorlu deneyimler sonrasında öğretmek gerekir. Deneyim, öz-disiplin sahibi olmayan kişiye yaptığı işin kendisi için pek de iyi sonuçları olmayacağını eninde sonunda öğreten büyük öğretmendir.

Kuşkulandığım şey çıktı ve Bill, başarılı hırsızımız, ellerini başkalarının mallarından uzak tutmadı. Yeniden yakalandı ve bu sefer cezaevine gönderildi.

Zihinsel rahatsızlıklarla ilgilenen birçok insan onun davranışlarını açıklarken bunalımda olduğunu, kendisi değersiz hissetmesini fantezi elbiseler giyerek aşmaya çalıştığını, çocukluğunu yokluklar içinde yaşamasına yol açan topluma karşı ortadan kalkması çok zor olan bir düşmanlık hissettiğini söyleyeceklerdir. Bunların hepsi kısmen doğru olabilir. Fakat böyle bir durumda, birçok profesyonelin bile gözden kaçırabileceği yön, ilgilenilen kişinin sorununun temelde, özdisiplin sahibi olmayışı olduğudur. Birçok terapistin, pek çok kereler fark edemedikleri şey, insanların aksiliklerle birlikte yaşama hissine alışamadıkları ve büyüyemediklerinden dolayı başlarının dertte olduğudur. Aksiliklere tahammül edebilseydi, sorunları hemen çözmese de onlarla beraber yaşayabilseydi ve herhangi bir andaki sorunu için, sadece içini rahatlatabilecek anlık çözümlerdense hedefleri için sıkı bir şekilde çalışmayı öğrenmiş olsaydı, Bill de, hiçbir ciddi ruhsal sorun yaşamadan her işin altından kalkabilecek biri olurdu. Elbiselerini çalmaktansa satın alıyor olsaydı, bu durum çok daha iyi olacaktı.

Sorunlardan Kaçmacılık Sonuçlarını Çabuk Verir

Zayıf öz-disiplinin en çok baştan çıkartıcı yanlarından biri de karşılığının anında alınabiliyor olmasıdır. Sizi sıkıntılı bir durumdan anında kurtarabilecek bir şeyle nasıl savaşabilirsiniz? Eğer kalabalıktan çekiniyorsanız ve bir partiye gitmeden önce kendinizi öz-güvenli hissedebilmek için birkaç duble içki alıyorsanız, bu kolay çözüme gelecekte de sık sık başvuracağınızı görebilmek hiç de zor değildir.

Evde tek başınıza olduğunuz ve de birçok arkadaşınız olmasını istemenize rağmen reddedilmekten korktuğunuz zamanlarda, kendinizi arayanı soranı hiç eksik olmayan, dünya çapında tanınmış bir insan olarak düşünmenin ne kadar rahatlatıcı olabileceğini düşünün. Gerçekten de hiçbir çaba harcamadan elde edilen bu hoşnutluk, müthiş ve kesinlikle tekrarı istenen bir şey olacaktır. Çünkü son derece keyif verici olup, aynı zamanda elde edilmesi de o derece kolaydır.

Bir boğayla karşı karşıya kaldığınızda ve koşarak kaçtığınızda, anlık ferahlamaya şartlanmışsınız demektir. Oysa kendinizi nasıl savunacağınızı öğrenmemişseniz tehlike bir sonraki gün yeniden karşınıza çıktığında bir önceki kadar şanslı olamayabilirsiniz.

Bütün bu deneyimler, zor bir durumdan kaçıvermenin anında hoşnutluk yarattığı ve bu davranışın, bizi sıkıntı içinde tutmaya devam edecek herhangi bir şeye tercih edileceği fikrimizi doğrular niteliktedir. Uyuşturucu kültürünün bu kadar çabuk bir hızla yaygınlaşmasının altında yaşatan sebep budur. Gençlerimiz ve diğer müptelalar, uyuşturucuya sadece arkadaşlarının yarattığı toplumsal basınçtan değil aynı zamanda uyuşturucu son derece bütünlüklü ve hızlı bir kaçışa olanak sağladığından dolayı da alışmaktadırlar. İş bulamamış bir genç adam, koluna bir şeyler şırınga ettiği gece dünya ile barışabilmektedir. Popüler olmayı beceremeyen ve ilgi çekici biri olabilmek için hiç çaba harcamamış olan bir genç kızın. kendisini Bahar Kraliçesi gibi hissedebilmesi için bir miktar Junk yutması yeterli olmaktadır. Bu ve benzer birçok durumda, kuralsızlığın baştan çıkarıcılığı inanılmaz boyuttadır ve bu cazibeye karşı yürütülen mücadele, çoğunlukla onunla başa çıkamamaktadır.

Gerçekleri Reddetmek

Can sıkıcı durumların üstesinden gelebilmek için kendimizi disiplinli kılmaya çalışmadan önce ilk bakışta gerçekle yüzleşebilmesi gerektiği olgusunu içinize sindirebilmelisiniz.

Perhiz yapmak, işe gitmek için sabah erken kalkmak, kalabalık bir insan topluluğu önünde konuşmak özel örnekler olarak verilebilir. Sabahları erken kalkmak zorunda olmamanız gerektiği, tıka basa dolu bir toplantı salonuna konuşmacı olarak girmeden önce hiçbir heyecan duymamanızı sağlayacak seviyede bir konuşma yeteneğinin size sunulmuş olması gerektiği veya insanlarda şişmanlama eğilimi oluşmasının aslında doğanın büyük bir yanlışlığı olduğu gibi fikirlerde ısrarcı olmaya devam ederseniz, bu sizin açınızdan hiç de iyi sonuçlar vermeyecektir.

Bu önermelerin hiçbiri herhangi bir gerekçeyle, herhangi bir şey ifade ediyor olamaz çünkü dünyanın olduğundan daha farklı olmasını gerektiren hiçbir sebep yoktur. Dünyayı sevmediğimizi ve bu yüzden de değişmesi gerektiğini söylediğimizde aslında çocukluktan başka bir şey yapmıyorsunuzdur. Çocukça bir şey olan büyük laflar etme hastalığı aslında dünyanın en gülünesi şeyidir. Bu sızlanmalar, son kertede, bir takım önemli sorunlarımızı göğüsleyebilmemiz için kendimizi disiplinli kılmamızın önünde bizi inanılmaz ölçüde kısıtlayarak engeller oluştururlar. Eğer, bir gün boyunca kendi kendinize hiç durmaksızın sıkıntıların olmaması gerektiğini söyleyip durursanız, bunlara karşı kendinizi disiplinli kılabilmeniz nasıl mümkün olabilir ki? Bu soruna karşı mücadele edebilmenin ilk koşulu, onun farkında olmaktır. Bazı şeylerin böyle yürümemesi gerektiğini iddia etmek, onların gerçekte o şekilde yürüdüğünün farkına varmamak olmuyor mu? Eğer kilo verebilmeniz için aç kalmanız gerekiyorsa ve siz de bu fikri pek sevmiyorsanız, o zaman ona tahammül etmeyi öğrenmelisiniz. Yapmanız gereken tek şey, kilo verirken büyük rahatsızlıklar çekeceğinizden şikayet ederek ortada dolanmaktan vazgeçmektir. Gerçekten berbat bir şey olduğu konusunda haklı olabilirsiniz. Ama, ne yazık ki kilo vermenin tek yolu budur.

Bunun dışında, siz bunu yaparken başkalarının yapmamasının ne kadar büyük bir adaletsizlik olduğundan mızmızlanmaktan da vazgeçmelisiniz. Her yediğinizi kiloya çeviren bir bünyeye sahipseniz; fakat sizden üç kat fazla yiyen arkadaşınız hala, zafiyet geçiren bir kuş gibi görünebiliyorsa, bu dünyanın ne kadar kötü bir yer olduğu konusunda üzülüp durmanıza gerek yok. Bu dünyanın bir çok açıdan kötü ve adaletsiz bir yer olduğunda kesinlikle haklısınız. Müşterilerimden birinin dediği gibi, "Kokuşmuş bir dünya bu... Biz ise bu kokuya alışmak zorundayız!" Size garanti verebilirim ki insanın yemek yediğinde aç kalacağı veya bu toplumsal düzende insanların uyuduklarından daha uzun süre çalışmaları gerektiği gibi olguları değiştiremeyeceğinizi kabul etmeyi öğrendikçe daha olgun bir insana dönüşebilirsiniz.

Can Sıkıntısı

Joe, kafayı taktığı her şeyi yapabilecek kadar yetenekli insanlardan biriydi. İyi bir atletti. Her istediğinde iş bulabilirdi. Bu zeki ve çekici genç adamın arkadaşlarına bazen kötü davrandığı halde gönülleri kazanmayı o kadar iyi bilirdi ki her zaman affedilirdi ve hala birçok arkadaşı vardı. Fakat, teşebbüs ettiği her şeyde neredeyse tamamen başarısız olmuştu. Liseyi bitirebilmiş olması mucizeydi. Başarı duygusunu gerçekten hissettiği belki de son andı bu. Başarısızlığının temel sebebi, keyif düşkünü kafasızın biri olmasıydı. Herhangi bir şeye teşebbüs ettiğinde, işler eğlenceli olmaktan çıkmaya başladığı noktada, sıkılıverir ve vazgeçerdi. Joe'nin farkına varamadığı şey, can sıkıntısının göze alınan her işin vazgeçilmez bir parçası olduğuydu. Güzel bir müzik dinlemek, nefis yemekler yemek, sevişmek, kayak yapmak; ne olursa olsun herhangi bir şeyi arada sıkıntı duymadan, sürekli olarak keyif alarak yapabilmek imkansızdır. Bir parça can sıkıntısına tahammül edemeyen insana acımak gerekir çünkü sonsuza kadar sıkılmaktan başka bir şey yapamayacaktır. Hepsinin içinde en acınası olanı budur. Can sıkıntısına tahammül edeme-yen insan, başarının daha yüksek ve ilgi çekici basamaklarına ulaşabilmek için gereken sıkı çalışmayı bata-çıka gerçekleşti-rebilmeyi hiçbir zaman başaramayacaktır. Onun yerine, her canı sıkıldığında duraklayıp, zirveye ulaşabilmek için başka bir yol bulmaya çalışacak ve başka bir bataklığa saplanıp ka-lacaktır. Dağın yamacında bir o tarafa bir bu tarafa giderek bataklıkları aşmaya çalışacak, bu durumda da ulaşmak istedi-ği noktaya hiçbir zaman için varamayacaktır. Can sıkıntısı aşamasında takılan insanların sorunu, can sıkıntısının bir fela-ket olduğunu düşünmeleridir. Sıradan bir lise öğrencisinin durumunu düşünelim. Tarih dersine hiç çalışmamaktadır, çünkü canı sıkılmaktadır. Canının sıkılmasının, çalışmaması-nın gerekçesi olabileceğine de samimiyetle inanmaktadır. Ay-nı durumdaki genç insanlarla birçok kereler konuşmuşumdur, hepsinde de genellikle aşağıdakine benzer sonuçlar ortaya çıkmaktadır.

Hasta: Eğer canım sıkılmıyor olsaydı bu dersi geçebi-lirdim, fakat sevmediğim dersi akşamları eve gidince çalışa-mıyorum.

Terapist: Çalışamayacağını kim söylemiş? Canının sı-kılması ders çalışmana neden engel olsun ki? Seni sıkan bir şey üzerinde çalışabilmen mümkün değil mi?

Hasta: Tabii ki hayır. İlgini çekmeyen bir konuda ya-pabileceğinin en iyisini ortaya koyamayacağını herkes bilir.

Terapist: Yapabileceğinin en iyisini yapacağını söyle-medim. Bütün söylemek istediğim sevmediğin bir işi canın sıkılsa da yapabileceğindir. Eğer bir işi yapmadan önce seni heyecanlandıracak bir şeylerin ortaya çıkmasını beklersen, hayatın boyunca pek bir iş başaramayacağının garantisini ve-rebilirim. Senin gerçek sorunun, can sıkıntısının korkunç bir şey olduğu ve canını sıkan bir işi yapmaktan vazgeçebilece-ğine dair düşüncendir. Neden böyle olmak zorunda olsun?

Sevmediğin bir işi yapmak o an için canını sıkıyor olsa da programında ona da bir miktar zaman ayırabilirsin. Bununla birlikte ne kadar çok çaba harcarsan o kadar ustalaşır ve o işten o derece keyif almaya başlarsın. Bu yüzden, can sıkıntısını yenebilmen için, canının sıkıldığı zamanlarda normalde çalıştığının iki katını çalışmanı önerebilirim; böylece yaptığın işe karşı yeni bir ilgi yaratmış olacak ve bu sayede can sıkıntısının kendisini yok etmiş olacaksın. Genellikle öğrenciler, bu söylediklerimden neyi kastettiğimi hemen fark ederlerdi. Birkaç hafta içinde daha akılcı düşünmeye ve önerilerimi hayata geçirmeye çalışmaya başlarlardı. Okuldan sıkıldığı için kendisini hoş görmek yerine eve gidip kendini derslere vermeye karar verirlerdi. Dersler konusunda daha fazla çaba harcadıklarında, aldıkları keyfin de aynı ölçüde arttığını görürlerdi. Bu durum notlarının artmasına sebep olur, bu da daha fazla çalışabilmeleri için yeni bir teşvik olurdu. Bu yolda yürüdükçe ilgilerini çeken yeni birçok şey keşfetmeye başlarlardı. Can sıkıntısı ise bu arada zaten kaybolmuş olurdu. Ve bunların yanında bir de o sene ki dersleri tekrar etme tehlikesinden yakayı kurtarmış olurlardı ki bazıları için önceleri akla bile getirilemeyecek bir şey olmuş olurdu. Sıradan bir can sıkıntısını bir felaket olarak değerlendirmeye devam edildiği sürece bu başarının kesinlikle mümkün olamayacağı yeterince açık değil mi?

Kendinizi benzer bir durumun içinde bulduğunuzda, her şeyden önce can sıkıntısından önce davranın ve (a) Onun sadece zaman zaman ortaya çıktığını, (b) O kadar da kötü bir şey olmadığını aklınızdan çıkarmayın. Eğer can sıkıntınızın arttığı zamanlarda, işi yapmakta ısrarcı olup daha çok çalışırsanız kısa sürede "öbür tarafa" geçmeyi başarabilir ve yapmayı üstlendiğiniz iş ile ilgili yeni bir heyecanla, müthiş ve büyüleyici şeyler keşfetmeye hazır hale gelebilirsiniz.

İnatçılık, Korku, Gerçekçilik

İnsanların kendilerini yeterince disiplinli kılamamalarının sebebi olarak genellikle bu üç ruh hali gösterilir. Bunları anlaması oldukça kolaydır, o yüzden her biri üzerinde uzun boylu durmayacağım, küçük birer açıklamayla yetineceğim. Bunların üçüncüsü, yani gerçekçilik biraz daha ilgi çekici bir davranış biçimidir ve genellikle bilinçaltında yaşandığından daha yakından incelenmeyi hak etmektedir. Bu sorunu, hayranlık verecek düzeyde anlatan bir genç kadının, danışmanlık seminerinden alınan notların bir kısmını, kelimesini değiştirmeksizin aktaracağım.

İnatçılık

Eğer ailenizin sizi sürekli olarak baskı altında tuttuğunu ve hayatınızı yönetmeye kalkıştığını hissederseniz, onlara karşı direnmeniz oldukça kolay olacaktır. Eğer sizden istedikleri kilo vermeniz, daha fazla ders çalışmanız, garaj temizlemeniz ve bunlara benzer şeylerse anında emirlerine itaat etmenizi sağlayamadıklarını ispatlayabilmek için kendinizi, bütün bunların tam tersini büyük bir hınçla ve inatla yapıyor olarak bulabilirsiniz. Sanki, bütün bu yaptıklarınızın, sizden istenenlerin altından kalkabilecek düzeyde öz-disiplin sahibi olmamanızla bir ilgisi yokmuş gibidir. Size göre, bunları yapmanız size emredilmiştir ve verilen işi başarmak için gereken öz-disiplini sergilemeyi reddetmenizin altında yatan sebep budur! Böyle bir durumu bir çeşit güçler savaşı olarak değerlendirebiliriz. Her bir birey, diğerine olaylara aslında kendisinin hakim olduğunu göstermeye çalışmaktadır.

Eğer kocanız sizden evi temizlemenizi istediyse son derece sinirlenmiş ve bu saygısızlıktan dolayı incinmiş olabilirsiniz, bu da bilerek ve inatla evi daha da kirli bırakmanıza yol açabilir. Bu davranış hem bir intikam alma hem de aynı zamanda ona, kendiniz istemediğinde size evi temizletebilmesinin mümkün olmadığını ispatlamak için geliştirilebilir. Evi aslında temizlemek istiyor olsanız bile o anda, kendi istediklerinizi bile bir kenara bırakabilirsiniz. Söz konusu olan ev olduğunda, bu durum çok kötü sonuçlar doğurmayabilir. Fakat sırf eşinize inat olsun diye kilo vermeyi reddettiğinizi varsayalım. Maalesef, bu davranışla çok sık karşılaşılmaktadır ve bu da güçlü bir öz-disiplini imkansız hale getirmektedir. Kendinizi disiplinli kılamıyor değilsinizdir de sadece ve sadece kimin daha güçlü olduğunu ispat etmeye niyetlisinizdir... Fakat sonuç olarak, söz konusu işi başarmak için gerekli öz-disiplini sergilemeyi reddetmektesinizdir.

Güç gösterisi için yapılan kavgalara girişmektense, karşınızdaki insanın sizi bir şeylere ikna edebilmesine açık olun. Eğer eşiniz sigarayı bırakmanız gerektiğini söylüyor ve siz de bunu gerçekten istiyorsanız, onun size sigarayı bıraktıramayacağını inatçı bir biçimde tekrarlamaktan vazgeçin. Şurası çok açıktır. Siz istemediğiniz sürece, hiç kimse kilo vermenizi, ev temizliği yapmanızı ya da sigarayı bırakmanızı sağlayamaz. O yüzden, zaten bilinen bir şeyi yeniden ispatlamak için uğraşmayın. Bu kimseye yarar sağlamaz. Size düşen, sadece, yapmak istediğiniz şeyin gerçekten size önerilen şey olup olmadığına karar vermek olmalıdır. Eğer kendi hayatınıza gerçekten hakim olmak istiyorsanız, başkalarının taleplerinin istediklerinizi yapabilmenizi engellemesine izin vermeyin. Eğer sigarayı gerçekten bırakmak istiyor; fakat sadece size emredildiği için bunun tersini yapıyorsanız, açıktır ki hayatınız üzerindeki denetim bütünüyle ellerinizde değildir. Başka birinin söyledikleri sizi çok fazla etkiliyordur. Aslında denetim eşinizin sözlerindedir çünkü sonuç olarak yaptığınız, yapmak istediğinizin tam tersi olmaktadır. Hayatınızın hakimi siz değilsiniz, gerçek hakim eşiniz, patronunuz ya da bir başkasıdır. Bir intikam duygusuyla hareket ettiğiniz ve güç kavgası oyununa kafayı taktığınız anlaşıldığında diğer insanlar için nasıl bir oyuncak haline geleceğinizi düşünün bir kere. Örneğin eşinin, akşam yemeği sofrasını toparlarken ki ağır kanlılığına sinirlenen bir adamın yapması gereken tek şey, akşam yemeği biter bitmez sofradan fırlayıveren insanlardan nefret ettiğini söylemek, oturması ve hatta bir de kahve içmeleri için ısrar etmek olacaktır. Bu davranışıyla, büyük bir olasılıkla, karısının sofrayı anında toplamasını sağlamış olacaktır.

Bu yüzden, kendi kendinizin patronu olun. Güç gösterilerine kafayı takmayın. Herhangi birinin bir sürü işi, en küçük bir zor kullanmaksızın bize yaptırabileceği noktaya kadar, her birimiz, kendi hayatlarımızın efendisi sayılmaya devam ederiz.

Korku

Öz-disiplini, ruhsal olarak olumsuz etkileyen üçlünün ikincisi budur. Başarısızlık korkusu, eleştirilme korkusu ya da herhangi bir şeyden duyulan korku, yapmak istediklerinizin önünde bir engel oluşturabilir. Örneğin, bir keresinde kilo vermesini sağlayabilmek için aylar boyunca bir adamın öz-disiplini ile uğraştım fakat herhangi bir noktaya ulaşabilmemiz mümkün olmadı. 300 pound'luk cüssesini koruyor olmasının bir başka psikolojik sebebi olması gerekiyormuş gibi gelmişti bana ama korktuğu herhangi bir şey olduğunu kabul etmeyi kesinlikle reddediyordu. Kilo verdiği zaman, kendisinden yürütmesi beklenecek olan yaşam biçimlerinden korkuyor olabileceğini söylemiştim. Kendisinden daha fazla çalışacak olmasının bekleneceğinden yada benzer şeylerden duyulabilecek bir korku... Bunların tümünü reddetti, biz de bu yüzden dönüp dönüp öz-disiplin üzerinde çalışmaya devam ediyorduk. Her haftanın başında az bir miktar kilo veriyor, uzun süre geçmeden geri alıyordu. Bu birkaç hafta boyunca böyle devam ettikten sonra, anlayamadığı birtakım sebeplerden dolayı verdiği kiloları geri aldığının kendisi de farkına vardı. Ancak o andan sonra, bu sebeplerin neler olabileceğini araştırmaya ve onu perhiz yapmaktansa yemek yemeye teşvik eden birtakım başka etkenlerle ilgili yaptığım yorumlara karşı çıkmamaya niyetli bir hale geldi.

Geçmiş üzerinde detaylı bir biçimde düşündükçe, birileri tarafından birçok kereler reddedildiği ortaya çıktı. Kilo verdiği zaman kendisinden sosyalleşmesinin bekleneceğinden ve bu sebeple reddedilme riskinin yeniden artacağından korkuyordu. Kiloları bu seviyede kaldığı sürece hiçbir kızın kendisiyle çıkmayacağını ve sosyal yaşamının ileri düzeyde kısıtlanmış kalacağının farkındaydı. Bu durumun rahat olduğunu düşünüyordu, çünkü reddedilmekten korunmuş oluyordu. Aslında sosyalleşmekten korktuğunu teşhis ettikten sonra, perhizine özen göstermeye başladı. Reddedilme olasılığı ile karşı karşıya kalmanın, 300 pound'u taşımak kadar kötü bir şey olmadığına kendisini inandırdı. Perhiz yapmayı neden reddettiğini öğrendikten sonra onu çok daha rahat bir biçimde denetleyebilmeye başladı. Daha sonrasında ise dış görünüşünde gözle görünür bir biçimde değiştiği bir noktaya ulaştı, artık reddedilmekten de çok daha az korkuyordu.

Gerekçecilik

Zayıf öz-disiplinli insanlar uyuşturucu bağımlılarına benzerler. İnanmak istedikleri şeylere inanabilmek için akla gelebilecek en uçuk mazeretlerin arkasına saklanırlar. Gerekçeciliğin en belirgin örneklerinden bir tanesi olarak, hiç de fena olmayan notlar alabilecekken okul yaşamında son derece başarısız olan bir kızın hikayesi alınabilir. Göz ardı edilemeyecek kadar ciddi miktarlarda hırsızlık da yapmaktaydı. Bunu yapmasını gerektirecek sebeplerin de varolduğuna inanıyordu. Bu çalma işinden vazgeçmek için kendisiyle hiç uğraşma gereği duymuyordu çükü yaptığı işte hiçbir sakınca olduğunu düşünmüyordu. Bu ürkütücü düşünceleri ilk duyduğum seanslarımızdan birinden yaptığım bant kaydının bir kısmını aktarıyorum:

Hasta: İhtiyacım yoktu da ondan.

Terapist: Bir şeye ihtiyaç duyduğunda onu çalma hakkına sahip olduğunu mu anlatmak istiyorsun?

Hasta: Evet, biliyorsun ki eğer istersem, her an çalabilirim.

Terapist: Seni çalman için tahrik eden bir şey oldu mu? Etrafında gördüğün birkaç şeyi...

Hasta: Para çalmaktansa, biraz şekerleme ya da buna benzer şeyler alacağım. Pek önemli şeyler değil yani.

Terapist: Yani, geçmişte önemli şeyler çaldığını ama artık küçük şeylere yöneldiğini mi ima ediyorsun?

Hasta: Öyle olmak zorunda değil. Müsriflik yapmak için de asla hırsızlık yapmam. Arkadaşlarıma iki türlü Vandalizm olduğunu anlatırım hep: Yapıcı ve yıkıcı. Sokaklarda şişe kırıp insanların arabalarının lastiklerini patlattığında yıkıcıdır. Kime zarar vcrcbilcccğini bilemezsin. Sokaktan geçen anneniz bile olabilir. Şişenin depozitosu da işin cabası.

Hırsızlığın yapıcı olabilmesi için birilerinin ondan faydalanması gerekir. Eğer başka birinden bir şeyler alıyorsan, kendin hemen oracıkta bir şeyler kazanmış olursun. Ve eğer bunu bir başkasına piyasadakinden çok daha ucuz bir fiyata satarsan, az para kazanmayı göze alarak başka birilerini de mutlu edebilirsin. Fakat eğer ben bir şey çalarsam-iki hafta önce bir şey çaldım ve aslında onu pek de istemediğimi fark ettim. 20 dolar edecek bir parçaydı ve ben onu ya birine satacak ya da fırlatıp atacaktım. Onu aldığım dükkana geri götürdüm ve aldığım yere aynen geri koydum. Yıkıcı saçmalıklar benim kafama yatmıyor. Ben sadece değecek bir sebep için çalarım. Hırsızlık yapıp camları kıran ve bu tarz saçmalık örnekleri veren acemilerin yaptıkları cinsten işlere hiç girmedim ve girmeyi de kesinlikle düşünmüyorum.

Terapist: Çalmak ve birkaç kuruş fazlasına sahip olabilmek bazı anlarda son derece tahrik edici olabilir. Fakat o an için ne kadar hoş olsa da -söz konusu olan bir paket şekerleme bile olsa- yakalandığınızda sicilinizin şişkinleşeceğini, hatta belki de birkaç şekerleme için hapse bile düşebileceğinizi hiç düşündünüz mü? Zor bir durumla karşı karşıya kalmanın -aç olduğun zaman çalmaktansa eve kadar sabretmek gibi- bu açıdan bakıldığında çalmaktan çok daha kolay olduğu hiç aklınıza geldi mi?

Hasta: Haklısın. Telaşa hiç gerek yok, çünkü bu yiyecek maddelerini çalmak çok kolaydır. Fakat, eğer bu şekerlemeleri sivilce yaptıklarından dolayı istememeye başlarsam, gider bir elma alırım. Elmaların bulunduğu ağacın yanına gider, kopartır ve yerim.

Terapist: Fakat sen de biliyorsun ki asıl sorun bu değil. Elmayı o anda reddedebilmek aslında çok daha kolay, çünkü eğer böyle yapmazsam, bunun bedelini ileride ve oldukça pahalıya ödemek zorunda kalırsın.

Hasta: Nasıl yani?

Terapist: Kısacası yakalanabilirsin. Uzun vadeli düşünürsen bu riskin altına girmemek senin için çok daha iyi olacaktır. Daha önce söylediklerini hatırla. Başını derde sokmanın, gün geçtikçe de battıkça batıyor olmanın sebebi de kısmen budur. Kendine her gün daha fazla zarar vereceksin. İşin bundan sonrası size kalmış. Hiç kimse seni durduramaz. En azından, ben yapamayacağımı biliyorum. Başarabilmen bana bağlı değil. Her şey senin elinde. Buradan dışarı çıkar çıkmaz, şimdiye kadar yaptığın gibi "Bu kadın da illallah dedirtti!" diye düşünebilirsin. Ama yapıyor olduğun şeye devam ettiğin müddetçe başının derde gireceğine dair sana güvence verebilirim. Bu konuda şüphe duyulacak bir şey yok, çünkü hayatını zor yoldan giderek devam ettirmektesin. Şundan veya bundan bir parça keyif alıyor olabilirsin ama uzun vadede kendine çok büyük zararlar vereceksin.

Hasta: Şimdiye kadar hiç yakalanmadım.

Terapist: Bundan kurtuluş yok. "Eğer" diye bir soruyu aklından sil at. Bu veya gelecek seferde atlatabilirsin, ama devam ettiğin müddetçe bir gün mutlaka yakalanacaksın. Başarılı olduğun her bir seferin sonrasında daha fazlasını isteyeceksin. Sonuç olarak, şansının bir gün mutlaka tükeneceğinden, hapishanede demir parmaklıklar bulunduğundan olduğu kadar emin olabilirsin. Yüz hırsızlığın yüzünde de yakalanmamayı başarabilmeyi düşünebilmek gülünç olacaktır.

3

ÖZ-DİSİPLİNİN ÖNÜNDEKİ ÜÇ ENGEL

Aile Tarafından Şımartılma

El bebek gül bebek büyütülen ve yemekleri önlerinde hazır bulmaya alışan çocukların neredeyse tamamı öz-disiplin konusunda ciddi sorunlarla büyümektedir. Zeka, cazibe, açık yüreklilik ve de eğitim sahibi olabilirler; yani başarı için gerekenlerin birçoğuna. Ama, bütün hayatları boyunca şımartıldıkları için, istediklerinin olmaması gibi bir durumun ne anlama geldiğini bileni çok azdır. Yoğun bir çalışma sonucu başarı kazanmayı, sıkıntıları göğüslemeyi, üst üste alınan başarısızlıklara rağmen bir işe sıkı sıkı sarılmayı öğrenmemişlerdir. Eğlence ve keyif olmaksızın, kendilerini belli bir zaman için bir işe yoğun bir biçimde vermeyi bilmezler.

Her yaptıklarına göz yumularak büyütülen insanlara acımak gerekir. Bunlara yardımcı olabilmenin tek yolu onları yavaş yavaş kendi kaynakları ile yaşamaya yöneltmek olabilir. Ne yaparsak yapalım, onlara sevginin ötesinde bir özen göstermemeliyiz. Oysa hatalı ana-babaların yaptıkları tam da budur. Ted, başarılı bir meslek hayatına sahip bir aileden gelmekteydi. Bu parlak delikanlıya bütün araç ve olanaklarını, biri dışında sağlayan anne ve babanın ikisi de kolej mezunuydular. Ted, ileri derecede şımartılma sonucunda asla güvenilmez biri olup çıkmıştı, istediği olduğunda neşeli fakat başarısızlık halinde birinci dereceden bir sinir hastası. Nasıl büyütüldüğünü öğrenince, doğrusu bu duruma pek de hayret etmedik.

Ailesi, hayatlarının geri kalan bütün alanlarında becerikli ve başarılı -ofisteki işleri çekip çevirmek, aynı mevkiye sahip oldukları meslektaşlarına kendilerini ezdirmemek- olabiliyorken bu çocuğa karşı kendilerini dayatma konusunda tam bir beceriksizlik abidesi gibiydiler. Delikanlı odasının temizlenmesini söyleyip çekip gidiyorsa, annesi bu isteği harfiyen yerine getirmekte kesinlikle tereddüt etmezdi. Neredeyse tek görevi olan çöpleri dışarı çıkarma işinden kaytardıysa, yedeği gibi davranan babası gerekeni yapmaktaydı. Şimdiden şaşırmayın, bunlar diğerleri yanında önemsiz sayılabilecek örnekler.

Küçük beyin canı, o sabah okula gitmektense bir güzel uyumak çekiyorsa, babası oğlunun mazeret kağıdını hiç tereddütsüz hazırlardı. Ted, bu durumu şöyle açıkladı: "Bir sınavdan kurtulma şansını bana sağlıyorlarsa, bunu değerlendirmemem için aptal olmam lazım."

Durun henüz bitmedi. Ted, hazırlanması gereken bir ödevi ya da kitap raporu olduğu zamanlarda soluğu ana-babasının yanında alır, onlara ne kadar zor bir durumda olduğunu ve kitabı okuyarak, raporu çocukları için hazırlamalarının onları ne kadar mutlu etmesi gerektiğini anlatır. Ve onlar da hiç karşı çıkmadan kendilerinden isteneni yerine getirirler! Ailesini, yapılması günler süren ödevlerini hazırlaması için ikna etmesi pek de nadiren yaşanan bir şey değildi. Allahtan, kafası ortalama notlar alabilecek kadar çalışıyordu da iyi-kötü idare etmeyi becerebiliyordu. Hayatla başa çıkabilmeyi okula nazaran çok daha az başarabildiğinin farkına, yavaş yavaş da olsa vardığında bu gerçekten kaçabilmek için uyuşturucuya yöneldi ve bu da, toplumdan hızla dışlanmasına yol açtı. Yıllar boyunca durmaksızın yürüdüğü bu yoldan hiçbir yere ulaşamadıktan sonra, artık, güçlü bir öz-disiplin sahibi olabilmek için danışmanlık hizmeti almaya karar verdi. Ne annesinin ne de babasının ona karşı o zaman bile yeterince güçlenememiş olmaları, programı tahmin edilemeyecek derecede zorlaştırmaktaydı, bu sorunu mutlaka kendi çözebilmeliydi. Herhangi bir konuda kendi kendini reddetmeyi kesinlikle öğrenmemişti, kendisine yönelik hoşgörüsünü yenmeye çalışırken genellikle başarısız oluyordu. Ailesi istediği her anda, arkasında hazırdı ve talep ettiğinde ona istediği kadar hoşgörü gösteriyorlardı. Öz-disiplin programından sık sık çark edip ailesinin kendisini yeniden şımartmasına izin verdiğini söylemeye gerek yok herhalde.

Ruth da yine oğlu Bill için aynı şeyleri yapan bir anneydi. Oğlu Bill, ikinci sınıftan beri yalan söylemeyi bir alışkanlık haline getirmişti ve insanları rahatlıkla yanlış yönlendirebiliyordu. Çocuğun yaşı ilerledikçe bu alışkanlıktan vazgeçeceğine dair büyükbabası tarafından verilen güvence, Ruth'u bir gönül ferahlığı duygusuyla birlikte sorunu çözme noktasında tam bir rehavet içine itmişti. Daha sonrasında ise, çocuğun sorumsuz davranışları karşısında onu cezalandırmaktan kaçınıyor, bunun yerine onun küstah ve her an yenilenen isteklerinin kölesi olmayı kabulleniyordu.

Yaşı ilerledikçe, birtakım şeyleri yapmaktan vazgeçmesini sağlayacak hiçbir özellik edinemedi. Para biriktirip, ihtiyaçlarını kendi başına sağlamaktansa, her istediğini hiç düşünmeden alıyor ve o kadar büyük meblağlarda borçlanıyordu ki onun bu yükün altından ancak, ailesinin yeni ödemeleri kurtarabiliyordu. Ailesi bu durumu protesto ettiğinde ise incinmiş ve sinirlenmiş gibi davranmakta ve onları kendisini sevmemekle suçluyordu. İntihara teşebbüs ettiği zamanlar bile oluyordu. Bu, amacına kesinlikle ulaşmasını sağlayan bir yöntemdi.

Daha sonrasında, işler, borç toplayıcıların ortaya çıktığı her seferinde, bunlar parayı alabilme umutlarını kaybedene kadar şehri terk etmek zorunda kalmasına kadar uzandı. Fakat, uzak bir şehirde çalışıyorken bile, örneğin cezaevine girmekten kurtulabilmesi için emekli olmuş olan ana babasının bir anda tam 1.000 $ yollamasını istemek için araması son derece sıradan bir şeydi. Bana danışmanlık yapmamı istemek için geldiklerinde biriktirdikleri paranın sonuna gelmiş ve hatta çiftliklerini bile satmış durumda bulunuyorlardı.

Onlara çocuklarını çok kötü bir biçimde şımarttıklarını ve yaptıklarının sonuçlarına katlanmasına izin vermedikleri müddetçe daha akıllıca davranmasını gerektirecek hiçbir şeyin varolmadığını çok kesin bir dille ifade ettim. İntihara bile teşebbüs etse, yardım etmeyi reddetmeleri gerektiğini söyledim. Küçük bebekleri artık 30 yaşlarında koca bir adamdı ve sorumluluklarını göğüslemesi gerektiğini şu anda anlayamazlarsa, sahip oldukları son kuruşu bile çocuklarına kaptıracaklarını bilmeleri gerekiyordu. Yumuşak başlı ve şefkatli insanlarla bu tarz konuşmalar yapmak oldukça zordur ama yaşanılanların gerçek boyutlarıyla da kesinlikle yüzleşilebilmelidir. Ofisimi terk ederken, ona yeniden yardım etmeyi kesinlikle reddedeceklerine dair kesin kararlarını vermişlerdi. Bu kararlarını hayata geçirebilmeleri için gereken olanak sandığımızdan da çabuk ortaya çıktı.

Görüşmemizden birkaç gün sonra, çocukları meteliksiz olduğunu ve kendisine bir an önce para yollamaları gerektiğini söylemek için aradı. Annesi, dişlerini sıkarak da olsa gelecek günler için kendisine bir iş bulması gerektiğini, yoksullara yardım eden derneklere veya fakir-fukara fonuna başvurmasını, dilenmesini ya da bir yerlerden borç bulmasını ve de harcamalarını yaparken bundan sonra daha dikkatli olması gerektiğini söyledi. Bizimki bunları duyunca ne yapacağını şaşırmış, telefonu büyük bir öfkeyle annesinin suratına kapatmıştı. Annesinin, o akşam boğazından hiçbir şey geçmediği gibi gece de gözüne uyku girmemişti. İçinden bir ses, oğlunu aramasını ve ona yardım etmeye devam edeceğine dair söz vermesi gerektiğini söylüyordu. Buna karşın, yıllardır sergiledikleri aşırı hoşgörünün hastalıklı ve sevgisiz bir ilişki yarattığına dair defalarca kere yaptığım uyarılar oğlunu aramaya direnmesine yardımcı oldu. Bir sonraki sabah beni aradığında da yaptığına olan güvenini güçlendirebilmek için davranışını desteklediğimi bir kez daha açıkça ifade ettim.

Bu ilk adımı, hepsi de genç adamı disipline etmeye hizmet eden yenilerinin takip ettiğini ve sonuç olarak onu güçlü, disiplinli ve kendi başının çaresine bakabilen biri haline dönüştürdüğünü söylemek gereksiz olsa gerek.

Gençleri şımartmaya devam eden sadece aileleri olmuyor. Bu konuda, okullar ve diğer kuruluşlar da onlardan geri kalmıyorlar. Adam, çamuru krem karamele çevirebilecek kadar yetenekli, parlak zekalı ve etkileyici çocuklardan biriydi. Ailesinin karşı çıkmasına rağmen, başkalarının kendisi için sağladığı özel olanakları kullanarak yaşamaya alıştı. Nasıl bir konuşma yeteneğine sahip olduğunun ve insanların ona teslim oluvermesinin, aslında kendisi için pek de iyi bir şey olmadığını ailesi çok iyi biliyordu. Ailesi, onun bu eğilimlerini kısmen törpülemeyi başarmış olsa da, Adam evin dışında kısa yoldan rahata kavuşmanın örneklerini sergilemeye devam ediyordu. Örneğin, bankadan, defalarca kereler hesabında bulunan miktardan daha fazlasını çekse de kendisine bu konuda hiçbir zorluk yaratılmamıştı. Ailesi, para cezası ödemek zorunda kalacağını, bu yaptıklarının maliyetiyle er ya da geç karşı karşıya kalacağını ya da en sonunda banka hesabının kapatılacağını söylüyordu. Fakat bunlardan hiçbiri kısa vadede gerçekleşmedi.

Ailesi için daha da can sıkıcı olan, Adam sınıfta kalmayı gerçekten hak ettiğinde bile bu işin içinden de sıyrılmayı başarması oldu. Etrafına yaydığı psikopatik büyü ve bulmakta hiç zahmet çekmediği mazeretler zinciri onu her türlü karışık durumdan kurtarabiliyordu. Adam'ın okul ve banka tarafından adım adım birinci sınıf bir kendi hatalarını görmezden gelme makinesine dönüştürüldüğünü fark eden ailesi, çocuklarına hak ettiği muamelenin yapılmasını ve sınıfta bırakılmasını talep etti. Fakat okul, bu isteği reddetti.

Adam benimle görüşmeye geldiğinde, küçük beyi, zor günlerin beklediğine ikna edebilmenin imkansız olduğunu fark ettim. Bu davranışlarının bir gün dönüp kendisini vuracağını gösteren delillerim neredeydi? Zayıf öz-disiplinin yarattığı sonuçlar ortadaydı, aslında o da bunların farkındaydı. Zamanın benden ve ailesinden yana sonuçlar yaratacağını o da görecekti. Satın aldıklarının parasını ödemesi bir gün mutlaka kendisinden istenecekti. İyi bir okula devam etmek istediğinde de benzer şeyler yaşayacaktı. İşte o zaman tembelliğinin bedelini mutlaka ödeyecekti.

Mükemmeliyetçilik

Zayıf öz-disiplin sahibi olan insanların çoğu bu durumun farkındadır ama bundan da pek rahatsız değillerdir. Düzenli olarak işten kaytarırlar ve bunun bedelini de ağır ödeyeceklerini bildiklerinden dolayı bunun her dakikasını doya doya yaşamaya bakarlar. Sigarayla kendilerini ölüme her gün biraz daha yakınlaştıran birilerini mutlaka tanıyoruzdur ve enfazim ya da akciğer kanseri olmaları çok büyük olasılık olmasına rağmen içtikleri sigara miktarını bir parça azaltmayı asla düşünmezler.

Bununla birlikte diğer bazı insanlar da daha sağlam bir öz-disiplin sahibi olabilmek için büyük çaba harcasalar da ruhsal ve bilinçsizlikten kaynaklanan sebeplerden dolayı bunu başaramazlar. Psikoloji sınıfımdaki öğrencilerden birinin, kişilik zayıflıklarından bahsettiği bir yazısına bakalım. "En kötü nevrozumun, başaramama korkusu olduğuna inanıyorum. Bu duygunun bana kesinlikle faydadan çok zararı var.

Hedeflerime ulaşmama yardımcı olacağına işleri sürece yaymama yol açacak kadar engelleyici oluyor. Herhangi bir projeye başlamaya teşebbüs etmekten bile çekiniyorum, hele de uzun vadeli olanlara... İşle ilgili hevesim kırıldığında bu devam etmemi engelliyor ve bu zaman kaybetmeme, dolayısıyla da tedirginliğimin artmasına yol açıyor. İşe veya okula gidemeyecek duruma bile gelebilirim. Freud, tembelliğin başaramama korkusu olduğunu söylemişti, doğrusu ona bütün kalbimle katılıyorum. Bu durum, özel hayatımı olduğu kadar sosyal ilişkilerimi de etkiliyor. Beğendiğim biriyle karşılaştığımda ya kendimi baştan geri çekerim ya da tüm gücüyle ilişkiyi geliştirmeye çalışırım. Bana öyle geliyor ki bir işten ne kadar çok korkarsanız, başınıza gelmesi de o kadar hızlanmaktadır."

Genç bayan mükemmeliyetçiliğin çok sık rastlanan bir biçiminden sıkıntı çekmektedir. Eğer bir işi yapamıyorsa onu hiç yapmamayı tercih etmektedir. Ona göre, başarı ve parlak bir sonuç her şeydir, oysa bir şey üzerine çaba harcamak ve deneyim kazanmak, yarattığı sonuçlardan bağımsız olarak onun gözünde değersizdir. Başarının önemini abarttığı için onu sürekli ıskalamaktadır.

Mr. Shera'nın durumunu ele alalım. O, yetişkinlik çağının büyük bir kısmını her istediğine ulaşabilecek bir düzeyde yaşamış, zeki bir adamdı. Metal kutu (ambalaj) üretim işine başladı ve bu işi oldukça iyi yapıyordu; fakat umduğu düzeyde ünlenmeyi ve yükselmeyi başaramadı. Sonunda bu işi bıraktı ve teknisyenlik yapmaya başladı. Fakat bu iş de hayal ettiği düzeyde bir atılım yapmasına olanak sağlamadı, bu karara varmasına yol açan şey ise aradan sadece 2 yıl geçmiş olmasına rağmen fabrikadaki en iyi teknisyen olmayı başaramamış olmasıydı. Böylece kendini bir anda yeni bir bölüme geçmenin hayallerini kurarken buluverdi. Evlendikten sonraki 10 yılı böyle geçirdi, her seferinde iş bulması daha da zorlaşıyordu. Sonunda, bu kavrayıştan kurtulabilmek için yardım istemeye karar verdi. Devletin Rehabilitasyon Ofisi onun üretken bir insan olarak yeniden aramıza dönebilmesini istiyordu, bu yüzden de psikoterapiye sevk etti. Bir terapist ile başladı diğeri ile devam etti, sonrasında... Terapistlerin hiçbiri, onu çalışmanın para etmediği ve istediği her şeye rahatlıkla ulaşabiliyorken sekiz saatlik bir iş gününün tamamının feda edilmesinin aptalca olduğuna dair hastalıklı bir fikirden vazgeçmesini sağlayamamıştı.

Benim uyguladığım terapi de -ki Rehabilitasyon Ofisi'nin üçüncü ve son teşebbüsü idi bu- diğerlerinin beceremediği herhangi bir şeyi beceremedi. Çalışmaktan uzak durabilmek için şaşırtıcı derecede incelikli planlar yapabilme konusunda gerçekten disiplinli olabilen biri olduğuna karar vermiştim. Yaptığı işte en iyi olması gerektiği saplantısından kurtulmadığı sürece, herhangi bir iş yapmayı reddediyordu. Herhangi bir yerdeki çalışanların arasına katılıp, yapabileceğinin en iyisini yapabilmek için çaba harcamaya gerek duymuyordu. Ben kendi teşhisimi çok geçmeden koydum: Üretici olabileceği çağları boş yere harcamasının gerçek sebebi rekabetten duyduğu korkuydu.

Buradan çıkarılması gereken en önemli ders, yapmanın iyi yapmaktan önemli olduğudur. Tanrı rolü yapmaktan vazgeçin, teşebbüs ettiğiniz her şeyin mükemmel sonuçlanması gerektiğinde ısrar etmeyi bırakın ve her işin bir başlangıcı olması gerektiğini kabul edin. Başlarken, harika sonuçlar elde etmeniz genellikle pek mümkün olmaz ve de sizi, diğerlerinden farklı kılacak şeyler de ortaya çıkmayabilir. Tam da bu yüzden, bulunduğunuz noktadan başlayın ve küçük de olsa bir gelişme kaydedene kadar çaba harcayın. Mükemmeliyetçiliğin, yapabileceğinizin en iyisine ulaşmanızı nasıl etkileyeceğine dair ilgi çekici bir diğer örnek ise, zengin ailelerden gelen ve zeki oldukları düşünülen çocuklar üzerinde yapılan bir araştırmada elde edilen sonuçlardır. Bunlara, bütün yaşamları boyunca diğer çocuklardan farklı oldukları ve bu yüzden üstünlüklerini sergilemeye bile ihtiyaç duymadıkları söylenip durulur. Oysa bu davranış ne yazık ki ailelerinin hata yapmayacak kadar kusursuz olduklarını düşünen çocuklarda, aileleri tarafından oluşturulan yüksek standartları sürdürerek yaşayamaya bileceklerine dair bir korku yaratır. Bu yüzden görevlerini büyük bir öz güven ve keyif duygusuyla gerçekleştirebilecekken, genellikle bunlardan yoksun kalmakta ya da ailelerinin yüzlerini kara çıkartabilecekleri korkusunu akıllarından çıkaramamaktadırlar. Bu şartlardayken, öz disiplin sahibi olabilmek neredeyse imkansızdır.

Betty, hali vakti yerinde bir ailenin kızıydı. Ailenin bazı üyeleri ders verdikleri üniversitede ve de politikada ün kazanmışlardı. Bu yüzden, o da, büyükleri hakkında düşünülenlerin tümüne sahip olmak zorundaymış gibi hissediyordu. Yaptığı her şeyi o kadar iyi yapabilmeliydi ki kimse onu eleştirememeliydi. Betty dönem ödevleri için varını yoğunu ortaya koyuyor, bitmez tükenmez kaynak arayışlarına girişiyor, sayfayı iki,üç kere daktilo ediyor, bu şeyi bir şaheser haline getirebilmek için bütün zamanını harcıyordu. Bütün bunlardan sonra hocasından, ödev için verdiği zamanı uzatmasını istiyor, bu istek genellikle de kabul ediliyordu. Fakat o, mükemmele ulaşabilmek için yeniden aynı nevrotik arayışlara girişiyor, yeni kaynaklar ekliyor, uzun paragrafların cümlelerini yeniden yazıyor ve ödevi güzelleştirebilmek için yeniden daktilo ediyordu. Teslim tarihi geldiğinde, ertelemek için yeni gerekçeler buluyordu. Sırf ödevini yetiştiremediğinden o dersten kalıyor, aynı sebepten kalmış olduğu diğerlerinin yanına ekleniyordu. Bütün bunların sonunda okulu terk etmek zorunda kaldı.

Betty, bu duruma gerekçe olarak, özellikle o okula gitmek ve de o dersi almak istemediğini gösterirdi. Başka bir okula, başka bir konuda okumak üzere kaydolurdu. Fakat daha öncesinde de sergilediği mükemmeliyetçi ve nevrotik yaklaşımları tekrarlıyordu.

Bu hikayenin üzücü kısmı, Betty'nin derslerinde, en yüksek olmasa da geçmesini sağlayacak olandan daha yüksek notları rahatlıkla alabilecek kadar kapasiteli ve akıllı bir insan olmasıydı. Fakat Betty'e göre, o, ya AA almalıydı ya da hiçbir şey. Yapması gereken işi tamamlayıp, yapmanın iyi yapmaktan önemli olduğuna inanacağına , milyonlarcamıza öğretilmiş olan tam da karşıt fikirlere sahipti: Herhangi bir şeyi iyi yapmadıkça, hiç yapmamalısın.

Verilebilecek en yanlış tavsiyelerden biri de budur. Bir dakika durun ve bütün bu yaşananların ne kadar saçma şeyler olduğunu düşünün. Eğer bir iş iyi yapılamıyorsa, hiç yapılmamalıdır- iddia edilen şey tam da budur. Acaba, bu söylenenlerle, yeni başladığımız bir işi iyi yapmamız gerektiği mi anlatılmak istenmektedir? Yukarıda özetlenen felsefenin özü budur. Peki böyle bir şey nasıl mümkün olabilir? Eğer sadece iyi yapabildiğimiz şeyleri yapıp duruyor olsaydık hala çorbamızı şapırdatarak içiyor ve burnumuzu çekiyor olacaktık. Bu söylenenleri ciddiye alabilmek mümkün değildir. İnsanların deneme ve yanılma ile öğrendikleri herkes tarafından bilinir. Sık sık hata yapan biri bu hatalardan ders çıkartabiliyorsa, performansını yeni bir hatasını fark edeceği seviyeye kadar geliştirir. Bir şeyi, mükemmel olup olmadığını hiç de göz önünde bulundurmaksızın yapmaya çalışmak, hangi hataların yapıldığını görmek ve sonrasında bunları düzeltmek, böylece aynı işi bir daha ki seferde bu yeni kavrayışla denemekten oluşan sürecin tümü, gelişme sağlamamıza olanak sağlamaktadır. Fakat yukarıda örneklerini verdiğimiz yanlış inanç bize sadece iyi yapabildiklerimizi yapmamızı ve bunun dışındakileri unutmamız gerektiğini söylemektedir.

Bu hikayenin anlatmak istediği, bir işi kötü yapmanın utanç verici bir şey olmadığıdır. Gerçekten de, yenisi olduğumuz işleri ilk başka kötü yapmamız neredeyse kaçınılmazdır. Bir işi öğrenmek için yürünmesi gereken yolun bir kısmı da budur. Yeni başladığımız işlerin çoğunu, çok kolay olmadıkları müddetçe tamamıyla öğrenebilmek imkansızdır. Bir zamanlar çok zor geldiği için neredeyse boğuşmak zorunda kaldığımız oysa bugün çocuk oyuncağı gibi gördüğümüz işler mutlaka vardır. Yürümeyi öğrenmemiz de pek kolay olmamıştı; defalarca kereler tökezleyip düşmüşüzdür. Konuşabilmek de ancak emek harcayarak mümkün olabilir- kelimeleri gevelemiş, manasız sesler çıkarmış, birçok kelimeyi ilk başta yanlış telaffuz etmişizdir. Bebeklikten kurtulamadan, çatal bıçak kullanmayı da öğrenememişizdir. Bisiklet öğrenmek de zaman zaman acı verici bir deneyim haline gelebilmiştir, aynen yüzmede olduğu gibi. Bir tavuk bile, mısır tanesine ulaşabilmek için gagasını nasıl uzatması gerektiğini öğrenmek zorundadır. Bu bile doğuştan elde edilen bir özellik değildir. Evet, tavuklar da, yeterli tecrübeye sahip olana dek gagaladıkları şeyi ıskalarlar. Bir tavuk, eğer, kullanmayı eksiksiz bir biçimde öğrenene dek gagasını kullanmaması gerektiği konusundaki tavsiyeyi uygulamış olsaydı, herhalde açlıktan ölürdü.

Bu yüzden, mükemmel olmakta ısrar edenler en kötü olmaya mahkum olanlardır. Yapabileceklerinin en iyisine ancak nadiren ulaşabilirler, çünkü dünya üzerindeki gerçekçi bir hedeftense aya nişan almaktadırlar. Süpermen rolüne soyunmak isteyenler, sahip oldukları insan vücudunun her şeyde en iyi olabilmelerine olanak tanıyacak donanıma sahip olmadığını er geç keşfedeceklerdir. Birçoğumuz, herhangi bir şeyde bile en iyi değilizdir. Fakat hayat, buna rağmen, güzel, mutluluk verici ve de anlamlı olabilir. Böyle olabilmesi için de ikinci derecedeki bir rolde olmanın çok korkunç bir şey olduğu, mutlaka bir numara olmamız ayrıca da iyi yapamadığımız bir işi hiç yapmamamız gerektiği ve bunlara benzer bütün saçma fikirlerden kurtulmamız gerekiyor. Vince Lombardi, aslında sinir hastalığının son derece zararlı bir biçimi olan bu fikirlerin en ateşli savunucularından biridir. Yanılmıyorsam, "Kazanmak her şey değil, önemli olan tek şeydir" gibilerinden bir şeyler söylemiştir.

Kaybetmenin de kendine has bir zevki olabilir, tabii ki her zaman için bir numara olmanız gerektiği gibi nevrotik bir amaca sahip olmadığınız müddetçe... Kendi yaşadıklarımdan örnek vermek gerekirse, bir rekabet içinde olmadığım ve kazanmak için kendimi zorlamadığım faaliyetlerden çok hoşlanıyorum. Kazanmayı önemsemediğim ve sadece oyunun verdiği zevk için oynadığımda genellikle daha fazla eğlenmekteyim. Bazen kazanır, bazen de kaybederim, işin bu tarafı benim için pek o kadar da önemli değildir. Bu, futbol oynamanın, yüzmenin ve de buna benzer şeylerin insanın ne kadar da kusursuz olduğunu ispat edebilmesi için değil de zevkli işler olduğu için yapıldığında daha olumlu sonuçlar elde edilebileceğini sergileyen bir yaklaşımdır.

Eğer kendinizi sınavdan geçirmekten veya başarısızlık yaşamaktan korkuyorsanız, korkunuz hakkında gerekçeler aramaktan vazgeçin. Bu korku aslında büyük bir olasılıkla her şeyi iyi yapamayacak bir insan olduğunuz gerçeğiyle yüzleşmekten duyduğunuz korkudur. Sonuç pek parlak olmasa da başladığınız işi mutlaka bitirin. İşi sıkı tutun ve şansınızı zorlayın. Aynı şeyi, diğer işler için de tekrarlayın. Bir şeye başlayıp, yüzüp yüzüp kuyruğuna ulaşıp, en sonunda da bir şaheser olmadığının farkına varıp da bir kenara atarak yaşamayın. Tam tersine, başladığınız işi bitirin, mükemmel olması gerektiğini de düşünmeyin ve en azından çaba harcadığınız için kendinizi takdir etmeyi de unutmayın.

Yapmak, iyi yapmaktan daha önemlidir. Mükemmeliyetçilik tarafından yönlendirilen insanların gerçek orunu başarıyı yanlış tanımlıyor olmalarıdır. Onlara göre başarı, bir işi eksiksiz ya da en azından ona yakın yapabilmektir. Başarıyı, mükemmele yakın tanımlamak pek bir anlam ifade etmemektedir. Başarıyı böyle tanımlamaktansa daha önceki durumunuza göre yapılmış küçük de olsa bir ilerleme olarak düşünün. Çaba harcayıp buna rağmen bir ilerleme fark edemezseniz bile ilerliyor olduğunuzu çünkü çabanızın karşılığının daha sonra ortaya çıkacağını düşünme hakkına hala sahipsiniz.

Bir kayadan çekiç kullanarak bir parça kopartmanın gerektiğini düşünelim. Taş parçasının kopartılabilmesi için birden çok vuruş gerekebilir, buna karşılık, kırılma gerçekleşene kadar taşın görünüşünde hiçbir değişiklik oluşmamış olabilir. Bu, parça kopana kadar kayada hiçbir değişiklik gerçekleşmediği anlamına gelebilir mi? Saç kalınlığındaki kırıklar tabii ki oluşmaktadır, çekicin her bir vuruşu kaya tek parça halinde duramayacak hale gelene kadar bu kırıkları büyütmeye devam edecektir.

Aynı süreç davranışlarınız için de doğrudur. Bir işi yapmak için çaba harcadığınız müddetçe gelişme mutlak surette sağlanıyordur. Performansınız zaman zaman olabileceği gibi düşüş gösterse de deneyimlerinizden öğrenmeye devam ediyorsunuzdur. İşte oyunumuzun adı da budur. Bir piyano parçasını bir gün öncekinden daha kötü çaldıysanız, bu illa ki de gerilediğiniz anlamına gelmek zorunda değildir. Parçayı farklı bir biçimde, örneğin öncekine göre daha hızlı çalmaya çalışıp da bundan dolayı daha fazla hata yapar hale gelmiş olabilirsiniz. Fakat bu da bir deneyimdir ve size daha öncekine göre daha iyi çalmanızı öğretecek olan şey de budur.

Bu yüzden herhangi bir konuda başarılı ya da başarısız olduğumuz bütünüyle, başarıyı tanımlama biçimimize bağlıdır. Bunların her zaman için başarısızlık olduğunu düşünen ve hevesi kırılıp da kendilerini mutsuz ve bir işe yaramaz hissedenler başarıyı mükemmel olmak olarak tanımlamaktadırlar. Buna karşılık, davranışları konusunda iyimser olabilenler, kendilerini sevenler ise başarıyı, belli aşamalardan geçerek gerçekçi hedeflere ulaşabilmek olarak tanımlayacaklardır. Onlar için başarı ile "Ya hep, ya hiç!" mantığı arasında uzaktan yakından hiçbir ilişki yoktur.

Kendinize ılımlı hedefler koyabildiğinizde, hiçbir ilerleme gözlemleyemediğinizde bile, sadece çaba harcadığınız için ilerleme sağladığınız gerçeğini değerli bulduğunuzda nevrotik mükemmeliyetçilik sizden uzak duracaktır., Anahtar sözcük çaba harcamaktır. İlerleme, çaba harcadığınızda ve bir sonraki denemenizi bir öncekinden öğrendiklerinizle yetkinleştirdiğinizde mümkün olmaktadır.

Kendini Değersiz Hissetme Duygusu

Kendisini hiçbir işe yaramaz hisseden bir insan için sağlam bir öz-disiplin sahibi olabilmek zor bir iştir. Bu yüzden, kendinizi değersiz hissetmenize yol açan duyguları nasıl geliştirdiğinizi ve onları nasıl aşabileceğinizi anlatmak istiyorum. .

Üzerinde durmamız gereken temel yanlış anlamalardan bir tanesi değersiz olmanın ve kendini değersiz hissetmenin aynı şey olduğu düşüncesidir. Kendinizi değersiz hissettiğiniz zaman yaşamın sizi alt edebilmesi çok kolaydır. Herhangi bir işi beceremediğinizde ise aynı sonuç ortaya çıkmak zorunda değildir. Herhangi bir anda kendinize değersiz etiketi yapıştırabileceğiniz fikrinden kurtulmalısınız! Değersiz insan diye bir şey yoktur. İnsanlar ancak belli yetenekler söz konusu olduğunda değersiz olabilirler. Başka bir deyişle, eğer sizin kadar hızlı koşamıyorsam, bir koşucu olarak size göre değersizimdir. Sesinizi benden daha yüksek ve saf tonlara çıkarabiliyorsanız, bir şarkıcı olarak size göre değersizimdir. Ben sadece eski moda dansları becerebiliyorken, siz sambadan Afrika av danslarına kadar akla gelebilecek bütün dansları yapabiliyorsanız, bir dansçı olarak size göre değersizimdir. Bütün bu örnekler için size göre değersiz olduğumu bütünüyle kabul edebilirim, fakat bundan dolayı kendimi değersiz bir insan olarak hissetmem için hiçbir sebep söz konusu değildir. İnsanların cins cins olduğunu iddia etmiyorum, sadece hepimizin farklı özelliklere sahip olduğunu söylemek istiyorum. Bazı özelliklerim sizinkilerin yanında değersiz olabilir ve hiç şüphe yok ki sizin bazı özellikleriniz de benimkilerle karşılaştırıldığında aynı biçimde değerlendirilebilir. Bütün bunların, insan olarak sahip olduğumuz değerle hiçbir ilgisi yoktur. Karşılaştırıldığım insana göre değersiz olan yanlarımın sayısı kaç tane olursa olsun, kendimi suçlar hale gelmem sonucunu doğurmamalıdır. Aynı şey tabii ki sizler için de geçerli. Bu yüzden herhangi bir özellik söz konusu olduğunda herhangi birimizin diğerlerine göre birçok açıdan değersiz olduğumuz fikri hiç kimseye şaşırtıcı gelmemelidir. Eğer yeteneklerinizi özürlü olmayan insanlarınkilerle karşılaştırıyorsanız, birçok yönden onlardan üstünken başka pek çok yönden de eksik olduğunuzu fark edeceksiniz.

Birçok kişi, kendilerini karşılaştırdıkları insanları belli bir konuda diğerlerine göre oldukça iyi durumda olan insanların arasından seçtiklerinden dolayı "en başarısız olma" hissinden bir türlü kurtulamazlar. Anılan kişinin kendisini her konuda değersiz olarak görmesi kaçınılmazdır, çünkü her seferinde kendisini olabilecek en ters örneklerle karşılaştırmaktadır.

Örneğin, kendinizi sizden daha iyi piyano çalan bir arkadaşınızla karşılaştırabilirsiniz. Bu yüzden de piyano çalmanın da başkalarına göre değersiz olduğunuz bir başka yönünüz olduğuna karar verirsiniz. Bununla birlikte, daha iyi piyano çalan bu arkadaşınızdan daha çok para kazanabildiğiniz olgusunu gözden kaçırıyorsunuzdur. Bu kişiden daha istikrarlı ya da daha geniş bir ilgi alanına sahip olabilirsiniz; ya da belki de daha sağlıklı bir insansınızdır. Aslında, bu biçimde düşünmeye başladıkça, diğerlerine göre üstün olduğunuz bir sürü yönünüz olduğunu, bir sürü farklı biçimlerde fark edebilirsiniz. Ne yazık ki çoğumuz kendimizi bu biçimde değerlendirmeyiz. Kendimiz hakkında karar verirken genellikle sadece bir ya da iki özelliğimizi dikkate alırız ve bunlar da genellikle en iyi ve eşsiz olan yanlarımız olmaz.

Değersiz olmak sadece, hiçbir şeyde iyi olamayan, eksik bir insan olmak anlamına gelebilir. Bazı konularda sizin başkalarını, başka bazı konularda da diğerlerinin sizi gölgede bırakacağına dair evrensel gerçeği kabullenmek en iyisidir. "Değersiz olmak" kavramıyla ifade ettiğim durum aslında tam da budur.

Kendinizi değersiz hissetmek ise bütünüyle bambaşka bir şeydir. Bazı konularda gerçekten başarısız olduğumuzdan dolayı kendimizi yeteriz hissettiğimiz zamanlarda; kendinden utanç duyması gereken, hiçbir şeye layık olmayan ve değersiz bir insan olduğumuzu düşünürüz. Kendi kendimizi kötüleyip, ikincil pozisyonları rahatlıkla kabullenebilir bir hale geliriz. Kendimizin suçlu ve en kötü muameleleri hak eden biri olduğuna bile hükmedebiliriz. Çünkü artık bütünüyle kötü, silik ve önemsiz olduğumuza inanıyoruzdur.

Kendimizi değersiz hissetmek aşırı nevrotik bir davranıştır, çünkü kendinizi yaptıklarınızla yargılıyorsunuzdur. "Bazı işleri kötü yapıyorum, bu yüzden kötü ve değersiz bir insanım" diyorsunuz. Kendini değersiz hissetmenin özü burada yatmaktadır. Kendinizi yaptıklarınızla yargılıyorsunuzdur ya da Dr. Ellis'in dediği gibi kendi kendinize yıl sonu karneleri vermektesinizdir. Eğer bu değersizlik hissini yenmek istiyorsanız, kendinizi davranışlarınıza eşitlemekten vazgeçin. Kendinizi yaptıklarınızla yargılamaktan vazgeçin. Güçlülük ve güçsüzlüklerinizi kendinize eşitlemekten vazgeçin, eğer böyle yaparsanız kendinizi bir daha asla değersiz hissetmezsiniz. Bir sürü sıradan özelliğe sahip olmaya devam etseniz bile...

Bütün bu söylenenler, güçsüzlüklerimizin varlığını kabul ettikten sonra onlar hakkında hiçbir şey yapmamız gerektiği anlamına mı gelir? Tam tersine yetersizliklerinizle yüzleşebilme cesaretine sahip iseniz, onları düzeltmek için çok daha fazla çaba harcayabilirsiniz. İnsanlar kişiliklerini ve yetersizliklerini genellikle dönüştürmezler çünkü onlara sahip olduklarını kabullenmekten utanırlar. Bir hatanız olduğunu kabul edemiyorsanız, onu nasıl dönüştürebilirsiniz?

Kendinizi davranışlarınız, özellikleriniz, yetenekleriniz veya karakterinizi için notlandırmamanızın sizi daha iyi bir duruma taşıyacak olmasının birçok sebebi vardır. Eğer istiyorsanız tabii ki öyle de yapabilirsiniz fakat bunu yaparken sağduyulu davranabilmek oldukça zordur.

1-Bir karakter özelliği sizi tamamıyla ifade edemez.

İnsanlar inanılmaz derecede karmaşık canlılardır. Birçok yeteneğin, davranışın, niteliğin ve karakter özelliğinin bir bileşiminden oluşurlar. Bu bir yığın şeyin içindeki tek bir zayıflık güçlü olduğunuz bir sürü özelliğinizin değersizleştirmez. 50 kilo gelen sıska biri kendisinin değersiz biri olduğunu söyleyemez çünkü bu diğer bütün yetenek ve başarıların bütünüyle göz ardı edilmesi anlamına gelir. Söz konusu kişi matematikte ya da satrançta gerçek bir usta olabilir. Belki çok yakışıklı bir genç, müthiş mizah duygusu sahibi bir kişi ya da yılların deneyimini taşıyan olgun biridir. Tek bir niteliğe göre (fiziksel zayıflık) insanın kendisini değersiz ilan etmesi dünyanın en saçma şeyidir.

2-Birden çok karakter özelliği de sizi tamamıyla ifade edemez.

"Ama neden olmasın?" diye sorabilirsiniz. Bütün iyi yönlerimle kötü yönlerimi alt alta yazıp toplayıp hangilerinin daha ağır bastığını göremez miyim? Bu kadar basit olabilmesini ben de isterdim, ama maalesef işlerin yukarıdaki gibi olabilmesi mümkün değildir.

Örneğin bütün hünerlerimizi ve kusurlarımızı toplayabilmek ilk önce kaç tane hünerimiz, kaç tane de kusurumuz olduğunu bilebilmemiz gerekir. Liste sonsuza kadar uzatılabilir: Dürüstlük, merhametlilik, yardımseverlik, neşelilik, yumuşak huyluluk, memnun edebilirlik, çalışkanlık, hırslılık ve daha yüzlercesi... Nerede durmak lazım? Bu soruyu herhangi birinin cevaplayabileceğini hiç zannetmiyorum.

3- Karakter özelliklerinizin fiziksel olarak tartılabilmesi ve ortalamasının alınabilmesi mümkün değildir.

Dünyada varolan bütün özellik ve yetenekleri alsanız ve kendinizi bunlara göre yargılasanız, ilk önce bunların her birine bir değer vermek, daha sonrasında da bu değerlerin hepsini toplamak ve de bir ortalama hesaplayabilmek için bu toplamı, özellik ve yeteneklerin sayısına bölmek gerekir. Böyle bir işlemin nasıl yapılabileceği konusunda herhangi iki kişinin anlaşabilmesi mümkün müdür? Cimri olmak, geç kalma alışkanlığına sahip olmaktan üç kat mı dört kat mı yoksa yüz kat mı daha kötüdür. Bir insanın çocuğuna karşı pinti davranmasının sıradan bir küçük geç kalmadan daha ciddi olduğu açıktır. Fakat ne kadar daha fazla ciddidir? Kim bilebilir?

4- Özellik ve yetenekler değişmez değildir.

Bir insan olarak sizi notlayabilmemizi sağlayacak belli bir özellik üzerinde anlaşmış olduğumuzu düşünelim. Ve kendi geçiminizi sağlayamıyor olmanızın sizi değersiz kıldığını düşünelim. Sizi bu özellik açısından yargılamamız, bu özellik niceliksel olarak hiçbir değişime uğramadığı müddetçe söz konusu olabilir.

Bununla birlikte bu konuda bir gelişme sağladığınızda bu konudaki düşüncelerinize ne olacaktır? Değersiz kalmaya devam mı edeceksiniz? Eğer işinizi kaybetmiş ve de bir ay boyunca işsiz kalmış iseniz, bu durum sizi daha öncekinden değersiz kılar mı? Peki o zaman bundan sonra daha iyi bir iş bulup şimdikinin iki katı fazla para kazanır hale gelirseniz ne olacak? Değeriniz iki kat artmış mı olacak?

Başka bir deyişle, nitelikler değişmez değilse değersiz olmanızın değişmez bir özellik olduğuna nasıl karar verebiliriz? Söz konusu özelliğiniz bir yo-yo gibi bir aşağı bir yukarı değişip duruyorsa benim sizin değersizliğiniz hakkındaki düşüncelerim de yine bir yo-yo gibi aşağı yukarı değişip duracaktır. Boyutlarını sürekli olarak değiştiren bir malzemeden yapılmış bir sıranın boyutlarını ölçmeye çalışmakla aynı şey olacaktır bu.

Boyunu gündüz 1metre bulduğun sıra akşam 1.5 metre olmaktadır. Bana sıranın boyunun ne olduğunu sormuş olsaydınız cevabımın ancak o an için doğru olduğunu da söylemek zorunda kalırdım.

Sıraların böyle davranmayacağı kesindir de insan özelikleri tam da bu örnektekine uygun davranışlar sergiler. Örneğin, tenis oyunculuğum üzerinde bir karara varmak isterseniz, bir gün iyi bir gün kötü olacağımdan siz de fikrinizi hiç durmadan değiştirmek zorunda kalırsınız. Bu nedenle, hiçbir zaman yerinde durmayan bir nitelik konusunda kendimiz hakkında bir karara nasıl varabiliriz ki?

5-Kendimizi hangi özellik ve yeteneklere göre yargılamamız gerektiğine kim karar verecek?

Değişmeyen ve tek bir özelliğe sahip olduğumuzu düşünelim. Kendimi hangi özelliğim üzerinden yargılayabileceğime karar verebilecek tek bir insan var mıdır acaba? Daha da ötesi, bu yargılama işini yapabilecek herhangi biri var mıdır? Bir klinik psikolog olmuş olmam sizin hakkınızda karar verebilme hakkını bana verir mi? Ama ben sadece bir insanım ve sizi sizin kadar bilebilmem mümkün değildir. Arkadaşınıza, başbakanınıza, öğretmeninize ya da psikoterapistinize böyle bir yetki vermek ister misiniz? Hiçbirimizin kabul etmediği bir şeyi tamamen doğru buluyorsanız, böyle bir durumda kimin fikrini kabul edersiniz? Peki, bu tarz kararların verilmesinde başkalarına şans tanımayacaksak, bu işi niçin kendimiz üstlenelim? Bizim de anımız anımızı tutmamaktadır. Sürekli bir değişim içinde olduğumuzdan, yeteneklerimiz hakkındaki düşüncelerimiz de değişmektedir. Bir an için herhangi bir şeyi kötü yaptığımızdan dolayı kendi hakkımızda son derece olumsuz fikirlere sahipken başka bir gün bu durumu, pek de kafamıza takıyormuşuz gibi görünmeyiz. İşte bu yüzden hangi özelliklerimizi dikkate alarak kendi hakkımızda yargılara varabileceğimizi söyleyebilecek birilerinin dünyada varolduğuna dair öneriler hiçbir anlam ifade etmemektedir.

Özet

Yetenek ve özelliklerimize dayanarak, kendimiz hakkında yargılara varırken, sonuçta dikkat etmemiz gereken nokta şudur: Kendimizi yargılarken, en basitinden makul ve hassas davranamayız. Çünkü;

(a) özelliklerimiz hiç durmadan değişmektedir ;

(b) bütün zamanlar için iyi ve kötü davranışın ne olduğu konusunda anlaşabilmenin yolu yoktur ;

(c) karakterimizin bir kısmına dayanarak kendimizi yargılayamayız;

(d) kendimizi yargılamadan önce kaç tane davranış özelliğini değerlendirmemiz gerektiğine asla karar veremeyiz ;

(e) yukarıdaki karşı tezlere boş versek bile, bu yargıları verebilecek niteliklere sahip kişinin kim olduğu konusunda asla anlaşamayız.

Bütün bunlar bizi tek bir basit sonuca taşımaktadır: Kendiniz hakkında kesin hükümler vermeyin. İsterseniz bir davranışınızı yargılayın, ama bütünüyle kendinizi asla. Yukarıda ortaya koyduğum sebeplerden dolayı siz ve sizin yaptıklarınız aynı şey değildir. Eğer bu fikre tahammül etmeyi başarabilirseniz, bu andan sonra yapabileceğiniz sayısız hatayı rahatlıkla kabullenebilirsiniz, fakat yalnızca belli bir açıdan değersiz olduğunuz için kendinizi değersiz bir insan olarak görmeyeceksinizdir. Bu bölümdeki üç kelimeyi akıldan çıkarmamak yararınıza olacaktır. Bütün bu tartışmanın ulaştığı son nokta işte budur.

Herhangi bir nedenle kendinizi değersiz hissetmekten kurtulabilirseniz, hayatta yapmak istediğiniz işe ve bunun büyük bir kısmını tamamlayabilmeye adayabileceğiniz, inanılmaz miktarda enerjinin, vücudunuzdan ve beyninizden özgürleştirilebileceğini göreceksiniz. Bundan sonra, gerçekten tam bir disiplin sergilediğiniz bir işte başarısız olsanız bile, kendinizi asla değersiz hissetmeyeceksinizdir. Onun yerine, ayaklarınız üzerinde yükselip, bir insan olarak ne kadar değerli olduğunuz sorusunu bir saniye bile aklınıza getirmeksizin, kendinizi aynı işe bir kez daha vereceksiniz.

Dünyada değersiz hiçbir insan yoktur, sadece değersiz davranışlar vardır. Kendimizi ya da başkalarını davranışlarımızdan dolayı yargılama hakkına sahip olmadığımız gibi, kendimizi ya da başkalarını ayıplama hakkına da sahip değiliz.

4

ÖZ - DİSİPLİN KAZANMA TEKNİKLERİ

Riskler Alma:Öz- güvenin Sırrı Budur

Korku, bizi sık sık eylemsizliğe iter. Bir işi deneyemeyecek kadar korkuyor olduğumuz sürece başarı olanaksızlaşacaktır. Bu engeli aşabilmek için, pek de makul olmayan şu iki inancı sorgulamamız gerekir: (1) Eğer bu korkutucu işe girişirseniz sonuç büyük bir felaket olacaktır. (2) Zor bir işten uzak durmak, onunla yüzleşmekten daha kolaydır.

Karen, lisenin yüzme takımında idi. Bir keresinde, bir yarış esnasında, su yutmuş öksürüğe tutulmuş, nefes alamamış, birkaç saniye için batmış ve yarışı kaybetmişti. Bunun sonrasında yüzmek (özellikle de yarışlarda yüzmek) konusunda zaman zaman gergin olmaya başlamış ve kendisini sersemlemiş hissedene kadar hızlı nefes alıp verme alışkanlığı geliştirmiş ve havuzdan başkaları tarafından çıkartılmak zorunda kalacak durumlara düşmüştü. Ailesi tarafından terapi için getirildiği aşamada, yüzücülükten bütünüyle vazgeçmeye hazır bir durumdaydı.

Benim görevim, korkusunu, yüzücülüğe geri dönebilecek kadar azaltmak ve yavaş yavaş su içinde yeniden yerdeki kadar rahatlayabilmesini sağlamaktı. İlk önce, suda yaşadığı solunum sorununun neden bu kadar aşırı derecede ciddi bir şey olduğunu sordum. Herbir hareketini izleyen düzinelerce seyircinin önünde gerçekten boğulabilirmiydi? Kendisini sersemlemiş hissettiğinde yarıştan vazgeçip havuzun kenarına kadar yüzemeyecek miydi? İnsanlar ona gülecek miydi ve eğer böyle bile olsa, o acaba buna tahammül edemez miydi?

İkinci olarak, ilk başta ne kadar zor geleceğini önemsemeden, ustalık isteyen işlerden sakınmaktansa daha fazla risk almaya, daha fazla yüzmeye zorladım. Zor durumlardan sakınmanın, onları yaşamaktan daha kolay olduğuna dair nevrotik düşüncelerini sorgulamasını istiyordum. Bir miktar riski, zor olsa da, göze alamadıkça, korku veren şeylerden kaçma alışkanlığı edinecekti. Bu da korkunun diğer faaliyetlerine de sıçramasına yol açacaktı ki çok geçmeden hayatı oldukça sıkıcı bulmaya başlayacaktı.

Bu temalar üzerine görüştük ve birkaç hafta sonra ailesinden, yüzme yarışlarına yeniden döndüğünü, nefes alamamaktan eskisi gibi korkmadığını ve yeniden kendine güven hissettiğini anlatan bir mektup aldım.

İçinde hiçbir risk taşımayan bir hayatı yaşamaya bile değmez. Öğrenmek istediğinizi yapın tribünlerden seyretmeyin. Yaparken neyin işleyip neyin işlemediğini öğreniriz. Daha iyi konuşabilmeye başladığınız zaman insanların önünde konuşmalar yapacağınıza dair kendinizi kandırarak zaman kaybetmeyin. Topluluk önünde gerçekten konuşmadan daha iyi bir konuşmacı olabilmenize imkan yoktur. Güzel konuşan insanları gün boyunca dinleyebilirsiniz ama bundan televizyondaki bir yarışma programına 5 dakika içinde bir adres vermenin öğrettiğinden daha fazla kadar bile öğrenemezsiniz. Neden? Çünkü bir yeteneği öğrenmenin en iyi yolu, onu denemektir.

Bu söylediklerim son derece açık gözükebilir ve siz de bunları herkesin bildiği konusunda ısrarcı olabilirsiniz ama doğrusu ben bundan şüpheliyim. Başarmak isteyip de hiç teşebbüs etmediğiniz için başaramadığınız hedefler hiç olmamış mıdır? Belki de, çok güzel dans edebilmek isterken o andaki hantallığınız yüzünden engellenmiş olabilirsiniz. Benim tavsiyem ne mi? Bütün hantallığınızla birlikte dans pistine çıkın ve bulabileceğiniz her fırsatta bir ilerleme kaydedene değin dans edin, dans edin, dans edin.

"Ama" diye karşı çıkabilirsiniz. "ilk önce bir süre için diğerlerini seyretmenin neresi yanlış? Böyle yaparak engellerin bir kısmından kurtulmuş olmaz mıyım?"

Kurtulabilirsiniz tabii ki. Fakat kısa bir süre seyretmenin size sağlayacağı tek fayda ancak budur. Er ya da geç piste çıkmak ve hantallığınızı kendi gözlerinizle görmek zorundasınız.

Çocuklarının zor olan yolu öğrenmelerine izin vermeyen aileler, kendisine güvenmeyen ve öz-disiplin sahibi olmayan çocuklara sahip olmaktadırlar. Eğer ortaokul çağlarındaki kızınız kek yapmak istediyse, şansını denemesini engellemeyin. Bir tepsiyi yakabileceğini, kekin yere dökülebileceğini ve mutfağın bir savaş alanına dönebileceğini bilirsiniz. Birkaç tabak da kırılabilir. Ama,onun kek yapmayı öğrenmesini istiyor musunuz? O zaman, onun yapmaya başlamasına izin verin. 30 tane pazar gününü sizi kek yaparken izleyerek geçirip pratik olarak hiçbir şey öğrenmeyebilir. Yapmak, iyi yapmaktan daha önemlidir. Kek yapmayı ikinci kez deneyişinde, ilk çabasında yaptığı hataları büyük olasılıkla hatırlayacaktır. İkinci deneme de berbat sonuçlanabilir tabii ki, ama eğer yeteri kadar deneme yaparsa, o da aynen sizin yolunuzu kullanarak öğrenecektir: Deneme - yanılma.

Özgüvenli ve aşağılık duygusunu en düşük düzeyde hisseden çocuklar ister misiniz? O, zaman tehlikeli olanlar dışında bir şeyi denemelerine engel olmayın. Şüphesiz ilk seferinde felaket sonuçlar doğabilir. Tam da bu yüzden, bu işlerin altına girmeleri için teşvik edilmeleri gerekir. Nasıl düğüm attığınızı, lastik değiştirdiğinizi, piyanoda küçük bir bölüm çalmayı ya da sufle pişirmeyi tekrar tekrar göstermekten vazgeçin. Bir veya iki kere göstermek yeterli olacaktır. Daha sonrasında denemelerini isteyin.

Bir araştırmacı, özel olarak bu noktayı tanımlayabilmek için bir çalışma yapmıştı. Bir grup çocuğa mekanik bir bulmacanın parçalarının birbirine takılmasını seyrettirmiş, daha sonrasında çocukların aynı işlemi tekrarlamalarını istemişti. Çocukların işin sırrını anlayabilmeleri için 16 deneme yapmaları gerekmiştir.

Başka bir grup ise önce bulmaca ile kendileri uğraşmış, sonrasında ise çözüm gösterilirken hatalarını düzeltmişlerdir. Bu ikinci metot ile başarıya %25 daha az deneme ile ulaşılabilmiştir. Açık olan şudur, bir işi seyretmek genellikle çabuk öğrenme sonucu vermemektedir. Öğrenmek istediğiniz şeyi mutlaka yapmanız gerekiyor.

Richard'ın durumu, risk alabilmenin, olgunlaşabilmenin ne kadar önemli bir kaynağı olduğunu, bana en çarpıcı bir biçimde sergilemişti. Mesleğinde profesyonel bir aileden gelmekteydi, fakat o, çeşitli uyuşturucuların peşine takılmış olduğundan okula devam etmiyordu. Benim işim, diplomasını alması, böylece de kolej eğitimine başlayabilmesi için onu teşvik etmekti.

Kolayca onun başarısızlıktan korktuğunu anladım. Yapmanın, iyi yapmaktan daha önemli olduğunu defalarca kereler hatırlatmama rağmen, masamdaki telefonu önüne itip randevu almasını söylememe kadar, final sınavına girip girmemeye karar verememişti. Bir hafta sonrasında, ailesinin ve kendisinin bütün şaşkınlığına rağmen sınavı geçmiş bulunuyordu.

Fakat diplomasını alabilmesi için, hem Amerika, hem de İllinais'nin kanunlarına göre, son bir sınavı daha geçebilmeliydi. Bir hafta boyunca her gün birer saat çalıştığını söylemişti ve o sınava da girecekti. Bir sonraki görüşmemizde sorduğumda ise, hazır olmadığından dolayı sınava girmekten vazgeçtiğini öğrendim. Sınava girmek için yeni bir randevu alması konusunda onu ikna ettim ve hafta boyunca her gün yarımşar saat çalışması şartını koştum.

Bundan sonraki terapide, kitaplara hiç dokunmamış olduğunu tekrarladı ve sınava girmeyeceğini söyledi. Duyuyor olması gereken korkuya inanamamıştım. Richard'a her şeyi mükemmel yapmak zorunda olduğu söylenmişti ve bu yüzden de risk alması gerektiğinde neden bu kadar korkak davrandığını anlamak kolaydı. Daha güçlü bir biçimde iteklenmesi gerektiğine karar verdim ve telefonu elime aldım, Onun adını vererek, sınava girmek için 30 dakika sonrasına randevu aldım. Israr ederek gerekli basıncı hissetmesini sağladım ve her zamanki klasik gerekçesini öne sürdü."Sınava bugün giremem. Çünkü bugün benim doğum günüm."

Sınava girmenin, sınavı geçmekten daha önemli olduğuna dair bazı hatırlatmalardan sonra söylediklerimi yapmaya karar verdi. Testin nasıl bir şey olduğunu öğrenmesinin, bir daha girmesi gerektiğinde neleri çalışıp neleri çalışmaması gerektiğini öğrenecek olmasının önemini kavramaya başladı. Yüzümü kaplayan kocaman bir tebessümle sırtını sıvazlayarak, sıkı öz-disiplinin iki sırrını kulağına fısıldadım: (1) Zor bir görevle yüzleşebilmek, ondan kaçmaktan daha kolaydır ve (2) Yapmak iyi yapmaktan önemlidir.

Aynı günün akşamüstü saatlerinde müthiş mucizeyi, Richard'ın sınavı geçtiğini, 5 doları ödeyip eve lise diploması ile birlikte döndüğünü öğrendim. Bu beklenmedik doğum günü hediyesinden dolayı inanılmaz derecede mutluydu.

Öz-güven işte böyle gelişiyor. Bir şans yakalıyorsunuz, bu teşebbüsünüzden bir şeyler öğreniyorsunuz-bu öğrenilen, sadece bir daha ki sefere neyin yapılmaması gerektiği olsa dave bunu da daha ki denemenizde kullanıyorsunuz. Bu, başarısızlık değildir. Bu aşamalı başarıdır ve riskler göze alınmadan elde edilmesi imkansızdır.

Çaba harcadığınız sürece, asla kaybetmezsiniz. Eğer davranışınız üzerinde kafa patlatırsanız, her denemeniz size bir şeyler öğretecektir. Her bir çabanız, size değerli karşılıklar sağlamaktadır ve bu bilgi başarının sadece küçük bir parçasını oluşturmaktadır. Bunu önemsemezlik etmeyin. Eğer denemeleri gerektiği kadar tekrarlarsanız, küçük başarıların üzerine, onları fark edilir kılana değin, küçük başarılar eklemeye devam edeceksiniz. Ancak çaba harcamadığınız zaman sonuç başarısızlık olacaktır, aksi mümkün değildir.

Yapmacık Görünme Korkunuzla Savaşın !

Bazı insanlar girişken davranmayı kendilerine yediremezler. Çünkü insanlarda; sırt sıvazlayıcı bir satıcı, politikacı veya yükselme hırsı sahibi biri izlenimi bırakmaktan çekinirler. Tanıdığınız ve ilk ismi ile hitap ettiğiniz birine, çocuklarını ve eşini, sağlığının nasıl gittiğini sormaktan, içten olmadığınızı düşündüğünüzden dolayı çekiniyorsanız, kendinizi içten hissedene kadar bunları tekrarlamaya devam edin. Verdiğiniz tepki yapmacıklığın değil, sadece alışamamışlığın belirtisidir. Hiçbir zaman için gerçekten istemediğiniz bir davranış hakkında rahat hissetmeyi nasıl umabilirsiniz.

New-York'lu genç bir yönetici, aksanlı konuştuğundan dolayı utanıyor hatta neredeyse kendini suçlu hissediyordu. Sahip olduğu Bronx lehçesinden pek memnun değildi. Fakat başka türlü konuştuğu zaman kendini o kadar yapmacık hissediyordu ki, lehçesinden kurtulmak için gereken disiplini geliştiremiyordu.

Her zaman için gösterişsiz bir hayat yaşamış olan bir diğeri ise, pahalı elbiseler giymeyi, bölgedeki atletizm kulübüne katılmayı, şık erkek kuaförlerinde saçını kestirmeyi, alyansını takmamayı, saç spreyi ya da vücut deodarantı kullanmayı son derece rahatsız edici bulmaktaydı. Eski kalıbını kırmaya çalıştığında ise, "dünyanın canı cehenneme" bakışına pek de uygun olmayan bir biçimde, kendini acı verecek kadar utanç içinde hisseder halde bulabilmekteydi.

O da alışılmamışlığı, utangaçlıkla karıştıranlardandı. Gerçekte öyle olmasa da aslında çok şey görmüş geçirmiş güler yüzlü adamı oynamaktaydı. Bu biçimde nereye varılabilir ki?

Çaba harcamadığınız müddetçe herhangi bir şeyi nasıl öğrenebilirsiniz? Belli bir süre için yapmacık görünmek, öğrenmek için ödediğiniz bedeldir. Israrlı olduğunuz ölçüde, yeni rolünüzde kendinizi çok daha rahat hissedeceğiniz günler, yapmacık olma düşüncesi tamamen aşıldığında mutlaka gelecektir.

Ne olursa olsun, değişmez olmanın güzel olan ne yanı var ki? Her horoz illa ki sadece kendi çöplüğünde ötmek zorunda mıdır? Kelime haznenizi geliştirmek istemez misiniz? Sokak ağzıyla konuşmaktansa, edebi kelimeler kullandığınızda bazı insanların hava attığınızı düşünmesinin ne önemi var ki? Bir İngilizce profesörü gibi konuşuyor olmanız önceleri kimilerinin kaşlarını anında kaldıracaktır, ve sizde bilgili, eğitimli biri gibi konuşmaya çalıştığınızdan dolayı tabii ki rahatsız olacaksınızdır. Ama siz sonuca bakın; içten olmama korkusunu aşamayan bir garson, film yıldızı olmanın ve de kraliçeyle tanıştırılmanın hayallerini bile kuramaz. Yönetici adayı üst düzey bir yöneticiden beklenen davranışları sergileyemezse hedeflediği koltuğa asla ulaşamayacaktır. Kısacası, benim görüşüme göre, sizin yapmacıklık dediğiniz şey, kendi sınırlarımızı aşarken giydiğimiz bir çift ayakkabıdan başka bir şey değildir.

Ödülü Hakkedin

Birkaç yıl önce, bir milyoner haline gelmesini sağlayacak kadar çelikten bir öz disiplin örneği ortaya koyan bir uranyum arayıcısı ile ilgili bir haber okumuştum.

Bu adam kendi önüne hedefler koyuyordu. Dinlenme lüksüne sahip olmadan önce belli bir miktar mil yolu yürümeliydi,yani bir su molası vermeden önce karşıdaki acayip kayalıklara tırmanmalıydı, belli bir sayıda örnek edinemeden akşam yemeğine oturmamalıydı. Bu biçimde,kendini o andaki herhangi bir hedeften diğerine yöneltip dururdu, ta ki o gün incelediği toprakları günün sonunda başarıyla hatırlayabilecek hale gelene dek.

Şu anda okuduğunuz onlarca sayfayı yazarken ben de aynı taktiği kullanmaktayım. Bu güne, doğu sahillerine uçarak başladım. Kendime haber dergisine göz atmak için izin vermeden önce, bana bazı sorular soracak olan bir avukat için bazı notlar hazırlamaya karar verdim. Bundan sonra ödül olarak, bir kaç makale okuyup, anneme de bir mektup yazdım.

Daha sonra, bir kaç tane daha makale okumak için büroya döndüm. Ve daha sonrasında eve geri dönene kadar, bu kitap için yazabileceğim her şeyi yazmaya karar verdim. Bununla birlikte, ilerleyen sayfalarda her bir başlığı bitirdikten sonra, kağıtları bir kenara bırakıp, bir misafirle konuştum ya da yemek yedim. Bazen de kendimi camdan dışarı bakmakla ödüllendirdim. Fakat bu bir bölüm tamamlamadan kesinlikle mümkün olamazdı. Ondan sonra, dinlenme süresinin uzamasını hoş görebiliyordum.

"Bu kadarı da acımasızlık değil mi?" diye sorabilirsiniz: Tabii ki öyle değildir. Ama eğer bir sonuca ulaşmak istiyorsanız, gerekeni yapmak zorundasınız, hepsi bu. Bu kitabı bitirmek istiyorum. Sorunun özünü kavrayarak, gerekeni yapmaya girişmediğim müddetçe, onun bittiğini görmem mümkün olamaz.

Bunu yapmayıp da canımın her çektiğini okumam, veya her istediğim insanla konuşmam ya da istediğim her manzarayı seyretmeye dalmam çok kötü sonuçlar verecektir. Uzun sözün kısası, ikisine birden sahip olabilmem mümkün değildir. Ne kadar yazık değil mi? Madem durum bu, o zaman güne kısa vadeli bir hedef koymalıyım, başardığımda kendimi ödüllendirmeliyim, daha sonrasında bir sonraki hedefe ulaşmalı ve kendimi yine ödüllendirmeliyim. Bu acımasız davranışım sayesinde, keyifle görmekteyim ki bugün daha öncesinde ortada olmayan 16 elyazması sayfaya sahibim. Bu yöntem, insanı, doğal bir akış içerisinde sürekli bir sonraki hedefe yönlendirmektedir.

Önce İş Sonra Eğlence

Disiplinsiz her insan, bir açıdan bakıldığında gerçek bir eğlence meraklısıdır. Eğlenceyi sorumluluklarınızın önüne aldığınızda, aslında sorumluluklarla yüzleşmeye dayanamadığınızı ifade etmektesinizdir. Her an için mutlu olabilmelisiniz, hayattan her an zevk alabilmelisiniz. Çalışmak çok korkunçtur ve her zaman bir kenara konulmalıdır ve eğlence ve oyunların önüne hiç bir zaman için geçmemelidir.

Öz disiplin kazanmak, bu yoldan giderek pek mümkün değildir."Önce işini yap, sonrasında eğlencene bak" bakış açısı daha akıllıcadır. Bu iki şey sağlar: İlki, işler tamamlanır; ve ikincisi, suçluluk duygusu ya da yapmaktan sakındığınız şeyi dönüp tamamlama zorunluluğunun yarattığı iç sıkıntısını yaşamaksızın eğlenebilirsiniz. Örneğin, gece bulaşıkları yıkamadan gittiğiniz bir sinemadan, bulaşıkları yıkamış olarak gittiğiniz zamanki kadar zevk alamayacaksınızdır. Eve döndüğünüz zaman yapmanız gerekenleri, ne kadar geç olacağını, gecenin onunda ya da onbirinde sıyırmak zorunda kalacağınız yiyecek artıklarının ne kadar yapışmış olacağını ve evden ayrılmadan önce bu işleri bitirmiş olmayı ne kadar istediğinizi düşünüp durarak filmin de tadını çıkaracaksınızdır. Herhangi bir başka konuya aklınızı takmadan gelmiş olduğunuzda alabileceğiniz keyfi, bu rahatsız edici düşünceler yüzünden elde edemeyeceksinizdir.

İşi eğlencenin önüne koyma felsefesi, bir çok başka şeyi yapmanıza olanak verdiğinden dolayı da iyi bir yöntem olmaktadır. Örneğin bir çift ayakkabı almayı istiyor olduğunuzu düşünelim. Tutumsuz biri olma eğiliminiz olduğunu ve bir şeyleri, onlara gerçekten ihtiyaç duymadan satın aldığınızı biliyorsunuz. O zaman, ilk önce, eski ayakkabıları giymenin sorumluluğuyla yüzleşin ve gerçekten ihtiyaç duyana kadar yeni bir çift alamayacağınıza dair kendinize söz verin. Ya da eğer hafta sonu bir kitap okumak istiyorsanız ve bahçedeki otları biçmek zorundaysanız, ilk önce işi yapın. Otları biçin ve daha sonrasında da sakin bir köşeye çekilip canınızın çektiği bir kitabı okuyarak, sorumlu davranışınızdan dolayı kendinizi ödüllendirin. Eğer ilk önce sevdiğiniz macera romanını okumaya başlarsanız, otların kesilmesine asla imkan kalmayacak kadar kendinizi kaptırabilirsiniz ve de okumayı bitirdikten sonra otları biçebilmeniz, size üç kat daha zor gelir.

Bu yüzden perhiz yapmak ya da kültür fizik yapmak istediğinizde, bu yapacaklarınızı gerçekleştirene kadar, diğer zevklere kendinizi kaptırmayın. Örneğin kültür fiziği tamamlayana kadar, telefon konuşması yapmayın. Yemek odasını toparlayana kadar, kendinize televizyon seyretmek ya da bir fincan kahve içmek için izin vermeyin. Komşunuzla girişilecek kahveli bir sohbet öncesinde yatak odanızı toplamış olun. Yan dairedeki komşuyla tanışmaya gitmeden önce, hesaplarınızı kaydedin. Hayatın sizin için kolaylaştığını fark edeceksiniz, rahatsızlıklar en aza inecek, işler çok daha fazla çaba harcamadan yapılır hale gelecektir. Bütün bunları işleri eğlenceden önceye alma kararına borçlusunuz!

Bir Düşmanınız: Sinir Bozukluklarınız

Zor bir işe başlama konusunda kendi kendinizi ikna edemediğiniz zaman, bu dünyada işinizi bozmak için kapıda hazır bekleyen bir düşmanınız olduğunu hatırlayın. Bu düşman siz yan gelip yattığınızda sevinir ve mümkün olabildiğince verimsiz olmanızı ister. Başarısız olacak olmanız, korkmanız ve de hayatta hiç bir yere ulaşamıyor olmanız ona zevk verir. Bu düşman, kullanılmayan yeteneklerinize rastladığında ve de bütün potansiyelinizi ortaya döken başarılara ulaşamadığınızda zevkten dört köşe olur.

Bu düşman sizin sinir bozukluklarınızdır. Sinirleriniz bozukken, işlere omuz vermektense tembellik etmenin daha az acı verici olduğunu sanırsınız. Sinir bozukluklarınız, size başarısızlıktan ve reddedilmekten sakınmanın, can sıkıntısı ve acıya mal olsa da daha iyi olduğunu söyler.

Tommy, kötü yapmaktan korktuğunu gerekçe göstererek çalışmayan insanlardan biridir. Kendisini, çalışma konusunda yetersiz hissetmekte ve genellikle çalışırken canı sıkılmaktaydı, mide ağrıları sahibi bile olmuştu ve en sonunda insanların arkasından konuştuğunu düşünmeye başlamıştı. Bütün bu gerçekleri işe gitmeme sebebi olarak kullanmaktaydı. Böylece sinirsel sorunları onu tamamıyla kuşatmış oldu.

Evde kalıp bu rahatsızlıklara sahip olmak, işe gitmekten kaçınarak ve hatta belki de kovulmakla daha az acı çekeceğini düşünüyordu. Fakat korktuğu bu şeylerden hiç biri, kendisini disiplinleştiremediğinden dolayı yaşadığı tecrübeler kadar kötü olamazdı. Akılda tutulması gereken nokta bu idi. Kendi kendimize eziyet ettiğimiz şekilde her hangi bir başkasına eziyet ediyor olmuş olsaydık, buna bir saniye bile dayanamazdık. Eğer dayanabiliyorsak bu karşımızdaki adamın, rastladığınız en aşağılık ve acımasız kişi olduğunu düşündüğümüzü gösterirdi. Herhangi birisi, bir yeteneğinizi kasıtlı olarak size nasıl inkar edebilir? Ne cins bir insanlık dışı canavar, bütün gün evde oturup TV seyretmenizi ve dünyada neler olduğunu merak etmemenizi sağlıyor olabilir? Sizin yaptığınız biçimde, hangi işkenceci midenizi ağrıtabilir? Küçümsediğiniz, hayatınızı perişan eden bu düşman kimdir? Şapkanızı önünüze koyun. O sizsiniz: Risk alarak ve zorluklarla yüzleşerek çekeceğiniz acının, böyle yapmadığınızda çekeceğinizden daha çok olduğu, sizin nevrotik inancınızdır. Yanlış tam da budur. Her iki durumda da, sorunlarla yüzleşseniz de yüzleşmeseniz de büyük olasılıkla rahatsız olacaksınız. Fakat eğer onlarla yüzleşirseniz düzeniniz daha az bozulacaktır. Kendinizin en kötü düşmanı haline gelmeyin. Size bu dünyada kötü zaman geçirtecek yeterli sayıda insan var, kendi kendinize sahip olduğunuz en büyük baş ağrısı olmayın. Bu düşmandan, sizi zerre kadar insan yerine koymayan bu beladan kurtulun. Onu dışınıza fırlatın! sürücülük sınavını 5 yada 6 kere denemesine rağmen geçemeyen genç bir kızı iyi hatırlıyorum, onu gördüğüm anda kendine güveni çok azalmıştı ve yeni bir sürücülük sınavına girmemek konusunda kararlı görünüyordu. Utanıyordu çünkü kolej mezunuydu. Neden başarısız olduğu bana oldukça açık görünüyordu. Sinirleri o kadar kolay etkilenebiliyordu ki sınava girmenin düşüncesi bile onu tepe taklak edebiliyordu. Bundan dolayı ona anında, geri dönmesini ve sınava tekrar tekrar, ta ki geçene kadar girmesini tavsiye ettim. Fakat bunu yapabilmesi için başarısızlığın ve ona bundan dolayı gülebilecek insanlar tarafından reddedilmenin gerçekte pek de korkunç şeyler olmadığına ikna etmem gerekti. En başlarda reddedildiği bir denemeye yeniden yönelmiyordu ama sınavda başarısız olmanın gerçek bir felaket olduğunu da tabii ki ispatlayamıyordu. Sonuç olarak başkalarının arabalarına, otobüse binmeyi ya da yürümeyi kabul etmesi gerekiyordu. aslında bir kaç senedir yaptığı da buydu.

Sınava yeniden girmeyi 'korkunç' bir şey olarak görmesinin sonucunda, kendi kendisine sınava girmekten kaçınmanın onunla yüzleşmekten çok daha kolay olduğunu söyleyip durdu ve dolayısıyla hiç bir olumlu sonuç elde edemedi . Sınava girmesi için onu teşvik ettim ve şaşırtıcı bir biçimde, bu sefer geçmeyi başardı.

Hepimizin her an başına gelebilecek olayların bir çeşidine verilebilecek küçük bir örnektir bu. Disiplinimizin bile yardım edemeyeceği kadar korkak davranmamıza yol açan şey, işte bu bir şeyleri kötü yapma ya da reddedilme korkusudur. Korkulan şey bir kişi için şirketteki konuşmalar esnasında espri yapmak olabilecekken, diğeri için kalabalık önünde konuşmak olabilir. Öyle insanlar tanıyorum ki Kızılderililere barış çubuğu satabilecek kadar kendilerine güvenli olabiliyorken akşam yemeği için evlerine kimseyi çağıramazlar. En cana yakın ev sahibi olabilen bazıları, bir kıyafet balosu için aptalca giyinmeyi reddeder. Şirkette kendilerini tümüyle rahat hisseden fakat önemli karar verme olasılığı karşısında hala soğuk terler döken insanlar tanıyorum. Her birimiz hayatımızdaki korkunç şeyi kendimize göre tanımlar ve sonrasında vebaymışçasına kaçınırız.

Korkularımızı yenmek, dolayısıyla da daha sağlam bir öz disipline sahip olabilmek için, her zaman için huzursuzluk, kaygı, korku ve de panik yaratan şu iki nevrotik davranışı dikkatle incelememiz gerekir! (1) Bazı şeyler gerçekten korkunçtur, ürkütücüdür, felakettir ve dünyanın sonudur. (2) Sürekli olarak bunlar üzerine düşünmeli, odaklanmalı, üzerinde durmalı, aklımdan bir saniye çıkmalarına bile izin vermemeliyim.

Bu düşüncelerden herhangi birine inanıyorsanız, korkular yakanızı bırakmayacaktır, öz disiplin üzerine ne kadar mantıklı, ne kadar çok konuşursak konuşalım sizi pek etkilemeyecektir. Öz disiplinden yararlanabilmek için bıkmadan, usanmadan risk üstlenebilen bir insan olmaya çalışmalısınız. Risk üstlenmek, söz konusu risk aptalca ve tehlikeli olmadığı sürece zarar vermeyecektir. Birisi tarafından reddedilmenin verdiği acı ne olabilir ? Ya da herhangi bir işi mükemmel yapamıyor olmayı düşünelim. Bunlar sizlerin almanızı ısrarla desteklediğim türden risklerdir. Bugün veya yarın, bütün hayatınız boyunca yapmak istiyor olduğunuz şeyleri yapın. Bunu sakın ertelemeyin. Riski alın ve sonucun ne olduğuna bakın. Daha sonrasında da, eğer mümkünse yapmaya devam edebildiğiniz müddetçe onunla birlikte yaşayın.

Hedeflerinizi Sınırlayın

Bazı insanlar, aynı anda birden çok işin sorumluluğunu üstlendikleri için kendilerini disipline etme noktasında zorlanırlar. Bu durum güçlerini tüketir, bir şeyi başarmak için genellikle ihtiyaç duyulan gerçek bir yoğunlaşmadan onları alı koyar. Bu tutum, bir günde varolandan daha çok saat gibi imkansız bir şeyi talep eder. Örneğin; eğer bir kitap yazmak, resim yapmak, bir dil öğrenmek, briç oynamak ve hafta sonları da evinizle ilgilenmek istiyorsanız, zaman bulamamaktan dolayı bunların hiç birini gerçekleştirememek gibi bir durumla karşı karşıya kalabilirsiniz. Örneğin; bir kitap yazabilmek için bir günde birkaç dakika daha fazlasına ihtiyaç duyarsınız. Aynı şey bir tablo yapmak veya evi temizlemek ve de diğerleri için de doğrudur. Her bir iş için günde 3-5 dakika harcayacak olsaydınız belki de yüz tane farklı işle aynı anda ilgilenebilirdiniz, fakat o zamanda bu işleri tamamlayabilmek için herhalde bir yüz sene gerekirdi . Bu her yönüyle yetersizdir ve hayata hiç bir zevk katmayacaktır.

Kendinizi bir kaç düzenli işle sınırlamak ve işlerin bunlar etrafında dönmesini sağlamak daha akıllıcadır. Genellikle bir işi bitirmeden bir başkasını üstlenmemeye çalışın. Ya da en azından asla bir anda bir kaç taneden fazla değil, çünkü aksi taktirde hiç birinin üzerinde yeteri kadar yoğunlaşamazsınız. Bir başka deyişle sıkı bir perhizle, sigarayı bırakmayı aynı zamanlara denk getirmeyin. Eğer bunu başarabiliyorsanız kimsenin diyeceği bir şey olamaz. Fakat her durumda bir anda tek bir işle ilgilenmek yeterlidir. Yani haftada 40 saat çalışıp üstüne bir de eksiksiz bir kolej kursuna devam etmeyi denemeyin. Böyle bir programın ağırlığı altında insanların pek çoğu ezilecektir. Ya işten feragat edin, ya da kurstan veya ikisinden birden. Ve gerçek bir istisna olmadığı takdirde, aynı anda, bir de hafta sonları yapılacak golf turnuvasına katılmaya kalkışmayın. Ya da bütün yolları kullanarak sınırlarınızı zorlayın.

Sık sık istediğiniz her şeyi yapabilirsiniz denildiğini duyuyorum. Bu iki açıdan tamamen yanlıştır. Birincisi: yapmaktan hoşlanacağınız her şeyi yapmak için gerekli yeteneklerin tümüne sahip olmanız mümkün değildir, iyi bir operet, beysbol oyuncusu, iyi bir dalgıç ve diğerleri...Eğer müzik kulağınız yoksa, sağlam bir yapıya sahip değilseniz ve yükseklik korkunuz varsa ne kadar isterseniz isteyin bunları yapabilmeniz asla mümkün olmayacaktır.

İkincisi ise, bütün bu işlerin hepsini yapabilmek o kadar çok zaman ister ki hepsine aynı anda devam edebilmeniz mümkün olamaz. Karar aşaması geçildikten sonra piyanoyu layıkıyla çalabilmeyi öğrenmek yaklaşık dört senenizi alacaktır. Resim yapmak için de en az bu kadar gerekecektir. İnsanların çoğu, bir kaç aydan kısa bir sürede bir kitap yazamaz. Bir evin inşası da aylar gerektirir. Bu zaman dilimleri, kusursuzluk için kesinlikle yetersizdir. Bilincimizi ve ruhumuzu bütünüyle bu işlere adasanız bile, bunların tamamlanması yıllarınıza mal olabilir. Eğer durum buysa benzeri faaliyetlerin bir çoğu için zaman bulabilmeniz nasıl mümkün olacaktır? Babe Didriksan, atletizmle ilgili, hatırlayabildiğim kadarıyla, giriştiği bütün işlerde mükemmel sonuçlar alan mükemmel bir atletti. Fakat buna rağmen aynı anda tek bir işle uğraşılması gerektiğini biliyordu. Sabahları büyük bir hırsla yüzmezdi, öğleyin kayak yapmaz ve de geceleyin eskrim ile uğraşmazdı. Böyle bir şey sadece kafa karıştırıcı olurdu, fiziksel ve sinirsel sisteminin tümünde ciddi uyumsuzluklar yaratabilirdi. Bir spor dalında devam etmeye bir kez karar verdikten sonra, o konuda gerçekten ustalaşana kadar diğerlerini tamamıyla görmezden gelme eğilimindeydi. Örneğin, golf öğrenmeye karar verdiğinde, işe gitmeden önce sabahları ve işten döndükten sonra geceleri birer çalışma yaptı. Hafta sonları ise elleri su toplayana kadar günde 14 ya da 16 saat çalışırdı. Her hangi bir başka dal ile ilgili ciddi bir çaba için hiç zamanı kalmazdı. Nasıl kalabilirdi ki?

Anlatmak istediğim nokta tam da bu. İleri görüşlü olmadığımız müddetçe karşımıza çıkacak bir çok şeyi başaramayız. Bilincimizi bütünüyle hedefe kilitleyerek "Bu benim yapmak istediğim şeydir ve herhangi bir şeyin beni yolumdan alıkoymasına izin vermeyeceğim." diyebilmeliyiz. Kolejden veya herhangi bir okuldan mezun olabilmek istiyorsanız, hayatınızın bu bölümü için bunların sadece önemli değil, aynı zamanda en önemli amaçlarınız olduğunu aklınızdan bir saniye bile çıkarmamanız sizin için iyi olur. Başka şeylerin aklınızı çelmesine kesinlikle izin vermeyin. Diğer işler için ayırabileceğiniz hiç zaman yoktur. Evlilik için dahi...

Unutmayın birden çok karmaşık işi aynı anda ve eksiksiz olarak yapamazsınız. Kendinizi bir kaç hedefle sınırlayın, ama kendinizi bunlara adayın.

Tatmin edici bir noktaya ulaştıktan sonra, kendinize yeni hedefler belirleyebilirsiniz. Her şeye yeniden başlayın, yapabileceğinizden fazlasının altına girmemeye dikkat etmeyi unutmadan tabi ki...

Kaçamakların Sıradanlaşmasına İzin Vermeyin

Sigara alışkanlığından kurtulmaya çalışıyorsanız ve bu geceliğine bir tanecik içmeye karar verdiyseniz, kendinize neden izin verdiğinizin bilincinde olmalısınız, sadece tek bir sigara için kendinize izin verdiğinizde, yani alışkanlığa bir kez yenik düştükten sonra, ikinciyi yakmak biraz daha kolaylaşır.

İkinci sigarayı içmek ise üçüncüyü kolaylaştırmaktadır. Hatta sıradanlaştırmaktadır.

Bu gerçek üzerinde konuşulmaya gerek duyulmayacak kadar açıkmış gibi düşünülebilir. Eğer gerçekten öz disiplinli olabilmeyi öğrenmek istiyorsanız,bu gerçeği aklınızdan asla çıkarmamalısınız.

Müşterilerimden bir tanesi her gün koşmak konusunda kendisini disipline etmeye uğraşıyordu. Birkaç ay boyunca bunu başardı ve bu konuda kendisini gerçekten mutlu hissediyordu. Buna rağmen kısa bir süre için grip olduğu günlerde üç gün arka arkaya koşmaya çıkamadı. Bunu alışkanlığını tehdit eden bir şey olarak algılayamadı, iyileşir iyileşmez dördüncü gün yeniden sokaklara çıktı. Fakat koşmuyor olmanın çekiciliği kafasını bulandırmaya başlamıştı çünkü soğuk bir kış gecesinde koşmak zorunda olmanın ne kadar da hoş bir şey olduğunu hatırlamıştı. Sonuç olarak, çok da bilinçli bir biçimde olmasa da havanın da pek hoş olmadığı bir gece, bir sonraki gece mutlaka koşacağına dair söz vererek, o geceliğine koşmaktan vazgeçti. Sözünü de tuttu gerçekten. Fakat bir kaç hafta sonra kendisini yeniden mazeretler yaratırken buluverdi ve koşu işini bir kez daha sektirdi. Bu davranışı belli aralıklarla ta ki koşuya çıkma işini bir kaç ay içinde haftada bir ikiye indirene ve atletizm programının tamamını ciddi bir şekilde aksatıncaya dek devam etti.

Bu küçük kaçamaklar uyuşturucu gibidirler. Az ile başlarsınız fakat aynı etkiyi yaratabilmek için her gün daha yüksek dozlara muhtaç duruma gelirsiniz. Bir kerecik yapılan kaçamaklar o kadar teşvik edici olabilir ki ikincisi çok daha kolay meydana gelebilir, diğerleri de bunları takip edecektir. Bu yüzden öz disiplini erteleyen en önemli davranışlardan biri ilk kaçamağın gerçekleşmesine izin vermek olacaktır. Eğer bir kere olduysa disiplinli kalmaya devam edebilmek için harcadığınız çaba miktarını ikiye katlamalısınız. Bir kere yoldan çıkmaya başladıysanız, yönü düzeltmek çok kolay olmayacaktır. Kazandığınız bütün alanı kaybetmeye ve küçük bir çabayla alışkanlığımızı koruyabilecekken bulunduğunuz noktaya geri dönebilmek için büyük bir çaba harcamak zorunda kalmaya niçin göz yumasınız ki?

Küçük kaçamakları önemsememe eğiliminin davranış kalıplarında yavaş da olsa önemli değişimleri ortaya çıkardığını kendi hayatımda da kolaylıkla görebilmekteyim. Herhangi bir gece yorgun olduğum mazeretiyle her gece düzenli olarak diş ipliğiyle dişlerimi temizleme alışkanlığımı bozarsam, aynı işi yapmak bir sonraki gece daha zor gelecek ve bir kaç gün sonra yorgun olmam veya aklımın başka bir yerde olması kaytarmak için kabul edilebilir gerekçeler olacaktır. Aynı şey diş fırçalamak, antrenman yapmak, her gün düzenli kitap okumak gibi işler söz konusu olduğunda da geçerli olmaktadır.

Bu sinsi düşmana karşı mücadele edebilmek için onun nasıl olup da bu denli başarılı olabildiğini anlayabilmek gerekir. Kendinize müsamaha gösterdiğinizde bunun karşılığını anında keyif veya rahatlık olarak almanız mümkün olmaktadır. Bunun verdiği tatmin o tadar büyük olabilir ki zaman zaman sonuçsuz kalabilecek veya olumlu bile olsa sonuca günler veya haftalar sonrasında ulaşılabilecek işlerle uğraşmayı zor bulur hale gelebilirsiniz. Geçici zevklerin tadına bir kere vardıktan sonra bunları yeniden ve yeniden isteyeceğiniz açıktır. İnsanın kendisini disipline etmesini zorlaştıran unsurlardan en önemlisi budur: Anlık sıkıntılar ve sonrasında gelen ödüllerin karşısında bir anlık ödüller yığını vardır ve siz bunlarla mücadele etmek zorundasınızdır. Ancak geç gelen ödüllerin anlık olanlardan çok daha fazla çıkarınıza olduğunu unutmazsanız kendinizi disipline etmek çok daha kolaylaşacaktır.

Büyük İşleri Parça Parça Tamamlayın

İnsanların üstlendikleri görevleri tamamlayabilmelerinin önündeki en önemli engellerden biri, bu kişilerin yapılması gereken bir sürü işin altında kalıp boğulmalarından kaynaklanıyor gibi görünmektedir. Dört sene boyunca lise, dört sene boyunca yüksek okul okumak, on yılı bir işi kurmaya vermek, yıllar boyunca bir yabancı dil öğrenmek için uğraşmak, piyano çalmayı öğrenmek ve bunlara benzer birçoğu için çaba harcamak gibi altına girdiğimiz bir çok iş, üzerimize yıktığı sorumluluklar düşünüldüğünde, boğucuymuş gibi gelebilir. Eğer adı geçen işlere bu biçimde bakıyorsanız boğulmuş hissetmekten kurtulamayacak ve pek bir şey başaramayacaksınızdır.

Ben size, bunun yerine hedeflerinizi binlerce küçük parçaya bölmenizi önereceğim. Bir anda yalnızca tek bir şey için çaba harcayın. Peynirden bir dağı kemire kemire düzleyen bir fare gibi davranın. Bir anda sadece bir işle uğraşıp günlerce sonunda onu bitirene kadar çabalayarak ne kadar çok şey başarılabileceğini görmek etkileyici olacaktır. Bir zamanlar Shakespeare'nin bütün yazdıklarını bir yıl boyunca günde sadece onbeş dakika ayırarak okumanın mümkün olacağını duymuştum. Bir aralığa sıkıştırarak ya da yatmadan son iş olarak olsun, on beş dakika herkes tarafından ayrılabilecek bir zamandır. Eğer üzerinde her gün düzenli olarak belli bir süre ayırmayı kararlaştırırsanız, on ciltlik bir uygarlık tarihi eserini okumak pekala mümkündür. Belki de bölümlerin ne kadar hızlı birbiri ardına bittiğini görerek şaşırabilirsiniz bile. Bir iki yıl içersinde tüm bir seriyi okuyup bitirebilirsiniz. Bahçenizi çapalamanız gerekmekteyse, çok büyük olduğu ve çok zaman alacağı için bundan vazgeçmeyin. Bahçenizi küçük parçalara ayırıp her parçayı bir günde veya haftada çapalamayı planlayabilirsiniz. Eğer düzenli biçimde planınızı izlerseniz, farkında bile olmadan görevinizin tamamlandığını göreceksiniz. Bir keresinde bir dolap dolusu dosyayı eve taşımam gerekmekteydi ve bu iş için kamyon kiralamayı düşünmüştüm. Ama bunun yerine her akşam yarım düzine dosyayı eve giderken kendim götürdüm ve yaklaşık üç ay içersinde tüm dosyaları evimin zemin katına taşımış, hem de bu işi yaparken hiç zorlanmamış ve hiçbir harcama yapmamıştım.

Evinizi boyamak istiyor ama zaman mı bulamıyorsunuz? Eğer bu işin uzunca bir süre sürmesine itirazınız yoksa, yeterli vaktiniz var demektir. Her akşam işten sonra boyayacağınız duvarları tespit edin. Veya bir saat içersinde ne kadarını yapabileceğinize karar verin. Bir saatin sonunda fırçanızı yıkayın ve hayatınıza devam edin. Bir sonra ki günde aynı şeyi yapın. Kendinize bir akşamda bir pencere veya bir hafta sonunda iki pencere ve bir kapı boyama görevi verin. Bu yolla çok büyük boyutta işleri sürekli üzerinde durduğunuz için başardığınızı ve hiç sıkıntı veya baskı hissetmediğinizi göreceksiniz.

Bu çağda sanki bir montaj hattındaymışçasına her zaman hızlı çalışmamız ve başarılı olmamız gerektiğini düşünmeye yatkınız. Aslında kimi büyük sanat eserleri çok çalışarak ve yavaş, yıllar hatta on yıllar süresinde gerçekleştirilmiştir. Piramitler, Romanın yolları taşlar tek tek dizilerek yapıldı, tüm önemli tablolar her seferinde bir fırça vuruşu yapılarak ortaya çıktı ve bunların her biri yıllar aldı.

Bir kitap yazmaya karar verdiğimde bu beni bunaltmaz. Gözümü korkutmaması için bilerek kitabı bölümlere ayırırım. Böylece tüm gereksindiğim randevular arasında notlarımı biraz organize edecek, bacaklarımı masanın üzerine uzatıp yazdıracak onbeş dakika veya yarım saatlik aralardır. Bir kerede sadece bir bölümü bitirerek ve birkaç gün arayla bunu tekrarlayarak birkaç ayda bir kitabı kolayca oluşturmuş olurum. Duygusal sorunlar üzerine ilk kitabımı, Depresyon'u nasıl yazdığımı hiç unutmayacağım. Bunun için kendime normalde televizyonda reklamları seyretmekle geçen zamanımı ayırmaya karar verdim. Ofisim dinlenme odasının yanında idi ve televizyonda reklamlar olduğunu duyduğumda, bu süre boyunca taslak olarak düşündüğümü yazıyordum. Bu yolla her gece bir sayfa yazabiliyordum. Hafta sonlarında ise on sayfa yazarak, bir haftada kitabın on beş sayfasını tamamlamış oluyordum. Kitap yaklaşık yüz elli sayfaydı ve bu ritimle on hafta sürdü ve hiçbir zaman bir sıkıntıya kapılmadım. Tabii ki yeniden gözden geçirmek ve son düzeltmeleri yapmak içinde ek bir süre gerekti. Ama bunu da bölerek ve akılcı bir biçimde yaptım, böylece kolay, sıkıntıya düşmeden ama yine de etkin şekilde işi başarabildim.

Bir fare bir büyük peyniri nasıl yer? Bir kerede tek bir ısırık alarak. Eğer her gün belli bir miktarını bitirmeyi tasarlarsa, elbette kaçınılmaz olarak peynirin biteceği bir gün gelecektir. Bu önümüzdeki herhangi bir görev için de bu böyledir.

Disiplinli İnsanlarla Birlikte Olun

İyi bir disiplin geliştirmenin bir başka tekniği de yine disiplinli olan insanlarla birlikte olmaktır. Başardıklarınızı geri döndürmek konusunda her zaman zevklerine yenik düşen ve tüm direnmeye çalıştığınız şeylere sizi özendiren bir kişiden daha tehlikeli bir şey yoktur.

Bu kişinin eşiniz olması özellikle sıkıcı ve talihsiz bir durumdur. Bana bir kere gelen bir çift özellikle hafızamda: Bu çift birbirlerine çok aşık oldukları halde birbirlerinden çok şikayetçiydiler. En önemli sorun her ikisi de pek disiplinli olmadığı için birbirleri için iyi birer eş olmamalarıydı. Erkek, bütçelerini çok aşan bir şey almalarını önerdiğinde, genellikle kadın buna uyuyor. hiç bir direnç göstermiyordu. Bunun sonucunda, sürekli alacaklılardan kaçarak yaşıyor, birinden para koparıp diğerine ödeme yapmaya çalışıyorlardı ve uzun vadede bu yaşam hiç de keyifli olmuyordu. Karı koca arasında ki bu durum, ikisi de disiplinli olmayan böyle iki kişinin evliliği başka birçok yönden de olumsuz etkilerini gösteriyordu. Evleri sürekli düzensizdi, çocuklar sık sık ihmal ediliyordu, öğretmenler çocuklarını kontrol etmek istediklerinde her ikisi de disiplinsiz olduklarından ne anne ne de babadan yardım görebiliyorlardı.

Eğer eşinizde sizinle birlikte rejim yaparsa, rejim yapmak son derece kolaydır. Veya sigarayı bırakmaya çalışıyorsanız ve eşiniz de bu alışkanlıktan vazgeçmeye karar verirse, bu işi çok daha kolaylaştıracak sosyal desteğiniz var demektir. Ya da aslında sizin için hiç de kullanışlı olmayacak bir arabayı almayı düşünüyorsunuz ve size "hayır" diyecek bir eşiniz var, bu sizin kısa vadeli heveslerinize yenik düşmemeyi başarmanıza çok yardım edecektir. Size farklı ve karşı bir fikir sunan kişinin varlığı bile genellikle planınızı yeniden düşünmek ve daha iyi bir plan yapabilmek için yeterlidir. Bu yüzden ortak bir amaç için eğer yapabiliyorsanız bir ortaklık kurun. Bu psikolojik olarak çok iyi gelir. Bunu yapmasanız bile, en azından size tavsiyem yapacaklarını söyledikleri şeyleri yapan, midesine giren yemek ve içkiyi denetleyebilen, yalnızca iradeleri ile belli başarılar kazanmış kişilerle birlikte olun. Onların çevrelerinde olarak iradelerinin en azından bir kısmının size de bulaşmasını sağlayabilirsiniz. Eğer bunu yaparsanız, her ikisi de yılbaşı hediyeleri için yüzlerce dolar harcayıp bütçelerini yıkıma uğratan Smith'lerin kötü durumuna düşersiniz. Smith'ler bu davranışlarından sonraki günlerde eve yiyecek alamaz duruma düşmüşlerdi. Bu olay bir an için komik görünebilir ama Smith'ler öngörüsüz olmaları ve kendilerini denetleyememelerinden dolayı mahvolmuşlardı.

Stoacı Olun

Stoacı olmayı öğrenmeden iyi disiplinli biri olmanın mümkün olmadığını düşünüyorum. Bunun anlamı acıya, üzüntüye, mutsuzluğa ve tüm sıkıntılara katlanabileceğiniz bir zihinsel yaklaşım getirmeniz gerektiğidir. Eğer olandan hoşnutsuz olduğunuz da amaçlarınızdan vazgeçerseniz veya rahatsız hissettiğinizde bu yüzden geri adım atarsanız, isteklerinizin çoğunu gerçekleştiremeyeceğinizi veya hiç bir zaman iyi disiplinli olamayacağınızı garanti edebilirim. İyi öz-disiplin ve acı çekmek her zaman kol kola gider. Ancak bu kitabın ısrarla işaret etmek istediği bir stoik olarak çekeceğimiz acının, eğer böyle olmazsanız çekeceğiniz acıdan daha hafif olduğudur.

Judy liseyi bitirmek için bir yılı kalmasına rağmen başaramamıştı. Ne yazık ki parası bitmişti ama eğer iş bulsa ve para biriktirse, liseye geri dönüp eğitimini tamamlayabilirdi. Ona bunu yapmasını önerdiğimde bana verdiği yanıt "Bulabildiğim tüm işler çok sıkıcı işler oluyor" idi.

"Ne fark eder?"

"Anlamıyorsunuz. Çok basitleştiriyorsunuz. Sıkıcı bir işe girmek öyle kolay değil. Sevmediğim bir işte günde sekiz saat çalışmaya katlanamam."

"Çok saçma. Katlanabilirsin ama bunu yapmıyorsun. Gerçeği kabul edeceksen senin liseyi bitirmenin tek yolu şu an sıkıcı bir işte çalışmak. Ne olacak ki? Bu seni öldürecek değil ama sen muhtemelen böyle düşünüyorsun. Bu yüzden bir hastalıkmışçasına bundan sakınıyorsun ve böylece hiç bir yere varamıyorsun. Şimdi biraz acı çekerek daha sonra çok daha az acıya katlanmak zorunda kalacağını anlamıyor gibisin. Çalışmanın getireceği rahatsızlık, sıkıntı veya mutsuzluk dayanılmaz şeyler değildir, sadece talihsiz şeylerdir."

Döne döne tekrar konuştuk ve şu anda son olarak önerimi kabul edip etmediğini hatırlayamıyorum bile. Ama korkarım her zaman yaptığı gibi yapmıştır. Ancak bu davranışını açıklayan, biraz hoşnutsuzluğa katlanmak istememesinin ötesinde bir sebep olmalıydı.

Bir başka anımsadığım kadın bir kaç yıldır nişanlıydı ama ilişki evlenmek istediği bir noktaya hiç bir zaman için gelmemişti. Hep nişanlısının değişeceğini umuyordu ama böyle olmayacağı son derece açıktı. Nişanlılığı neden bozmadığına dair biraz detaylı olarak sorgulandığında altından yalnız kalacağı ve tekrardan yeni bir ilişkiye başlaması gerekeceği ve bununda acılı olacağını düşündüğü çıkıyordu. Durum yine, acı verecek bir duruma isteyerek yürümekten duyulan korkuydu ve şu andaki durum ona üç yıldan daha fazla acı çektirmişti. Eğer nişanlılığını üç yıl önce bozmuş olsaydı, şu ana kadar mutlu bir evlilik yapmış veya yeni biriyle sevgili olmuş olabilirdi.

Bir başka kadın beş yıldır eşinden ayrılmak istiyordu. Onu incittiğinde kendini suçlu hissedeceğini söyleyerek durumunu gerekçelendiriyor. Ve hiç yürümeyecek bir evliliğe girmekle aptallık ettiğini söylemiş olan annesinin öngörüsünün doğru çıkmış olmasına üzülüyordu. Annesinin doğru söylemediğini kanıtlamak ve onun "ben değiştim" diyebilmesini engellemek için bu ilişkiye yıllar boyu katlanmaya razıydı.

Onun durumunda gerçek sebep utanacak olmaktan duyacağı acıydı. Buna katlanamayacağını düşünüyordu. İnsanlar niye acıya katlanamasınlar? Zaten katlanıyorlar. Yalnızca bundan hoşlanmaz ve ebette tercih etmezler. Bu denli akılsızca davranmanın nedeni genellikle acıdan uzaklaşmak için adım atamıyorken daha da fazlasına sebebiyet vermeleridir. Bazen atacağınız adımı acı vereceğinizi ama uzun vadede diğer olasılıklar arasında en az acılı seçenek olacağını fark edebilmek çok daha akıllıcadır. Ama yalnız Stoacılık felsefesi, bu dünyada bazen acı çekmek gerektiği düşüncesi bize bunu sağlayabilir. İronik olan da şudur: Acı çekmeye hazır olan insanlar en az acıyı çekerler. Her zaman acıdan kaçmaya çalışanlar en fazla acıyla karşılaşırlar. Yukarıda anlatılan iki durum bunun açık örnekleridir. Kadınların biri hiçbir zaman evlilikle sonuçlanmayacak bir nişanlılığa katlanıyordu. İkincisiyse hiç düzelmeyecek mutsuz bir evliliği sürdürüyordu. Ama kimi rahatsız durumlardan kaçınabilmek için yıllar boyu gereğinden fazla acıya katlanıyorlardı. Eğer son, acı verecek kararı verseler; ilişkilerini bitirseler böyle olmayacaktı.

Bir stoacı olun. Acıyı zarafetle karşılayın. Bu genellikle daha iyiye doğru atacağınız önemli adımlar için ödemeniz gereken bedeldir.

Zamanlamayı İyi Yapın

Bir işe girişmenin önündeki en cesaret kırıcı engel o işin ayıramayacağımız ölçüde uzun zaman alacağı dolayısıyla da hiç başlamamak gerektiği fikridir. Bahçenizin otlarını kesemezsiniz, çünkü öğleden sonra bunun için yeteri kadar zaman ayıramamaktasınızdır. Arabanızın yağını değiştiremezsiniz çünkü giyinip partiye gitmeniz için az zaman kalmıştır. Mutfağın badana yapılması gerekmektedir ancak tümüyle boş bir hafta sonu ayarlayamamışsınızdır.

Bu şekilde işleri tüm bir sabahın veya bütün günün boş olacağı o muhteşem güne kadar ertelemişsinizdir.

Oysa böyle yapmanız gerekmez. Eğer işleriniz için zamanlama yapmayı öğrenebilirseniz, ertelediğiniz şeyleri aslında ne kadar kısa sürelerde yapabiliyor olduğunuzu görürsünüz. Örneğin, benim bahçemdeki otları kesmek en fazla bir buçuk saat alıyor. Bir mutfağı birkaç akşam çalışarak badana yapabilirsiniz. Arabanın yağı bir saatten az zamanda değiştirilebilir. Arabaya binin, istasyona gidin, yağı değiştirin,inanın ki, partiye yetişebilecek şekilde eve dönmüş olacaksınız.

Bu kitabı yazarken çeşitli kereler bu sorunla karşılaştım. Ne zaman on dakika boş vaktim olsa birkaç sayfayı tamamlamamın iyi olacağını düşünüyordum, ama on dakikada ne ortaya konabilirdi ki? Daha sonra alt başlıklardan birini ne kadar zamanda yazdığımı denedim. Şaşırarak fark ettim ki bu dikte ettirdiğimde sadece birkaç dakika alıyordu. Genellikle on dakika ihtiyaç duyduğumdan çok daha fazla oluyordu. Bunu gördükten sonra ne zaman bir kısa boşluk olsa bir bölümü daha bitirmeye daha fazla istek duyar oldum. Kitabın büyük bölümü bu şekilde tamamlandı. Notlar aldığım küçük kartları cebimden çıkartıyor ve basit şekilde aklımdaki malzemeyi yazdırıyordum.

Bundan sonra bodrumunuzu ilk temizlediğinizde, ne kadar zaman aldığını gözleyin. Ya dikkat edin ya da gerçekten saat tutun. Bundan sonra aynı işi bir daha yapmanız gerektiğinde ne kadar zaman aldığını biliyor olacaksınız ve şaşırarak da olsa hem bodrumu temizleyip, hem kaldırımdaki karları süpürüp, hem arabayı yıkayıp hem de romanınızdan on sayfayı okuyabildiğinizi fark edeceksiniz.

Heyecanınızı Yitirmeden İşe Girişin

Bazen bir işi yapmak için kendinizi inanılmaz zorlamanız gerekir. Gönlünüz hiç bu işten yana değildir ve bunun yerine yapmak isteyeceğiniz bir sürü iş vardır. Ama bir şekilde kendinizi zorlamadıkça da projelerinizi sürdüremeyeceğinizi bilirsiniz. Dolayısıyla kendi içimizden gelen tüm yokuşa sürmelere karşın işinizi yapmayı sürdürürsünüz. Ama bu size angarya gibi gelir ve biraz daha ilham duyacağınız ve istekli olacağınız bir anın gelmesini umarsınız.

Neyse ki bunu devam ettirirseniz, yeniden ilham duyacağınız an gerçekten gelir. İşte bu anda enerjinizin tümünü, tüketene kadar amacınıza yönlendirmelisiniz. Heyecanınız sürerken, bunu kaçırmayıp yol almaya bakın. İlham dolu bir anın tam kullanılmadan geçmesine izin vermeyin. Böyle dönemler arada bir gelir ve sınırlı bir zaman dilimi boyunca sürerler. Bu yüzden elinizde böyle bir şans olduğunda bunu sonuna kadar kullanın, böyle dönemlerde diğer zamanlardakinin on katı iş yapabilirsiniz.

Örneğin, bir kaç kitap okuma ödeviniz var ve böylesi bir ilham duyumsadığınız bir döneme giriyorsunuz. Bundan faydalanın ve enerjiniz bitmeden okuyabildiğiniz kadar kitabı okuyun. Uyumadan önce okuyun, öğle yemeğinden sonra okuyun, otobüste veya metroda okuyun, duyumsadığınız sürükleyici güçten tam olarak yararlanın, çünkü birkaç gün içinde bundan yorulabilir ve aynı tempoyu sürdürmek istemeyebilirsiniz. Bu evreye girdiğinizde de ödevinize devam etmek isteyebilirsiniz ama çok daha fazla çaba harcayarak daha az bir iş gerçekleştirebileceksinizdir. Fakat geriye dönüp en iyi döneminizde işin ne kadarının altından kalkmış olduğunuza bakmak ferahlatıcı olacaktır.

Aynı şey satış yapmak, evde çalışmak veya bir başka şey için de söylenebilir. Satıcı olarak çalışırken tam çok iyi satış yapmaya başladığınızda, birkaç satışla yetinmeyin. Yolunuz aydınlıkken gidin ve gerçekten büyük bir satış yapın. Evdeki işleri yaparken de, bir tanesini bitirdiğinizde oturup arkanıza yaslanarak eserinizi seyretmeyin. Panjurları temizleyin, arka verandayı boyayın, çatıyı aktarın, çimleri biçin, ön bahçedeki çalılıkları temizleyin.

İşte bu şekilde bazı insanlar inanılmaz fazla işi yapar, bitirirler. O güzel ilham anına, itici güç taşıdıkları döneme yatırım yaparlar ve kendilerine verebildiği tüm enerjiyi alıp kullanırlar.

Köprüleri Yakın

Kim bilir kaç kez bir şeyi yapmaya karar vermiş ama daha sonra iş zorlaşınca vazgeçip geri çekilmişsinizdir. Ve kim bilir geri çekilebilecek bir konumunuz olması ne kadar önemli bir şeydi. Ama şimdi bir durumun sizi köşeye sıkıştırdığını ve gidecek hiçbir yeriniz olmadığını düşünün. O zaman ileri doğru gitmek dışında hangi yöne yönelebilirsiniz? Herhalde nereye varmak istediğimi anlamışsınızdır. Bir şey yapmanız gerektiğinde arkada bıraktığınız köprüleri yakın ki başladığınız yere dönmek mümkün olmasın. O zaman iyi kötü yolunuzu açarak ileriye doğru gitmek ve başladığınız şeyi bitirmek dışında bir şansınız olmaz.

Ruslar Almanlarla savaşırken bunu Stalin uygulamıştı. Köprüleri kelimenin gerçek anlamıyla yaktırmıştı, böylece ordu konumunu korumak ve kendi yaşamı için savaşmak zorunda kalmıştı. Ruslar bence büyük ölçüde ya savaşmak ya da ölmek durumuyla karşı karşıya olduklarından bu savaşı kazanmışlardı.

Bu kitabın ilk sayfalarında Mt. Blanc'a tırmanan adamı anlatmıştım. Görünüşe göre onun bu zorluğu göğüslemesine yardım eden itici güçlerden en önemlisi bunu çok fazla sayıda kişiye söylemesi dolayısıyla sözünden geri dönemeyecek olmasıydı. Tüm arkadaşlarına, iş arkadaşlarına ve saygı duyduğu herkese bu tırmanışı gerçekleştireceğini söylemişti. Kararını bu kadar yaygın şekilde ilan ettikten sonra geri adım atmak çok garip olurdu. Böyle yaparak, başaramazsa arkadaşlarınca alaya alınacak olma durumunu yaratması bir ileri görüşlülüktü, çünkü tırmanma günü yaklaştığında ne denli güçlü bir vazgeçme eğilimi duyabileceğini tahmin edebiliyordu. Niyetini bu kadar çok arkadaşı bildiğinden, ileriye hamle yaparak kendini deneyecek gücü bulabildi.

Akıl Defteri Tutmayı Unutmayın

Bu öz-disiplinin en değerli sırlarından biridir ve bunu ne kadar az kişinin bildiğine hep şaşırmışımdır. Bir şeyi yapmayı hatırlamanız gerektiğinde, hafızanıza güvenmeyin, özellikle de hafızanız güçlü değilse. Hemen bir kağıt kalem çıkarın ve not alın. Bunun uzun vadede sizi ne kadar sorundan kurtaracağını tahmin edemezsiniz.

Einstein İsviçre'de göllerde yelkenliyle gezerken bile kendisi için notlar alırdı. Eğer o bile düşündüklerinin tümünü aklında tutamıyorduysa, neden bizler önemli olan her şeyi hatırlamak zorunda olalım ki?

Eşinizle akşam yemeği yiyorsunuz ve aniden bir sonraki gün takım elbiselerinizden birine ne olduğunu öğrenmek üzere kuru temizlemecinizi aramanız gerektiğini hatırlıyorsunuz. Hafızanıza güvenmeyin. Bir kağıt ve kalem çıkarın ve sabah telefon etmek üzere not alın. Daha sonra kağıdı göreceğinizden emin olduğunuz bir yere koyun. Örneğin kahvaltı edeceğiniz masaya yerleştirip üzerine de bir kalem koyun. Bir sonraki sabah oraya geldiğinizde gözünüzün önünde olacaktır. Böylece tamamen unutmuş olduğunuz bu mesele tekrar dikkatinizi çekecek ve yapmanız gerekeni hemen halledeceksiniz.

Yatıyor olsanız bile aklınıza not almanız gereken bir fikir gelirse, kalkıp gidip not alın. Bundan sonra yatağın başucunda bir not blok ile kalem bırakın ki bir daha güzel uykulu bir düş kurma anında uyanıp kalkmak yürümek zorunda kalmayın. Genellikle bu çabaya girmeyi ve not tutmayı gereksiz görürsünüz çünkü hatırlayacağınızdan eminsinizdir. Ama bana güvenin, böyle şeyler sevseniz de sevmeseniz de genellikle unutulur.

Ofisimden, ders verdiğim sınıfa arabamla gidiyordum ve yolda bu alt başlığın konusunu bu kitapta işlemek istediğimi hatırladım. Ama araba kullanıyordum ve ellerim meşguldü, dolayısıyla o anda not alamazdım. Yana çekip durabilirdim ama bu beni geciktirecekti. Dolayısıyla yol boyunca bir kağıt kalem bulup not almam gerektiğimi kendi kendime tekrarladım. Arabayı kilitlemiş posta kutusuna doğru yürürken bir öğrencime rastladım ve ondan hemen o anda bir kağıt istedim. Aldığım kağıda not aldım ve üç hafta sonra şu anda bu bölümü bu sayede yazabiliyorum. Belki hatırlayabilirdim de, doğru, ama benzer şekilde unutmuş da olabilirdim.

Kendinize Soğukkanlı Düşünme Zamanı Tanıyın

Bir giyim mağazasının vitrininin önünden her geçişinde içeri girip bir şey almadan duramayan bir genç tanımıştım. Sonuçta ceketleri, kovboy çizmeleri, kovboy şapkaları, pantolonları, takımları, gömlekleri, çorapları birikmişti. Tüm harcamaları kendi adına yapıyordu ama bir süre sonra ödemeleri yapamaz olunca alacaklılar ailesinin kapısını çalmaya başlardı. Ailesi ise borçlarını öğrenince şaşkına dönerlerdi. İlk önceleri ödemelerine yardım ederlerdi veya bazı şeyleri geri göndertirlerdi. Ama yine de o aklı çelinince karşılayamayacağı pahalı şeyleri almayı sürdürürdü.

Hepimizin bir ölçüde böyle alım hastalıkları var. Bu belli ki şu yanlış inançtan kaynaklanıyor: Tehlikeli bir durumdan (çok beğendiğiniz bir şeyi hemen o anda satın almak gibi) sakınmak, bu durumla yüzleşmekten (dükkana uğramadan geçmeyi başarmak gibi) daha kolaydır. Eğer böyle bir sorununuz varsa, size şunu öneririm: Bir malı satın almaya karar vermenizle, gerçekten parayı ödeyip veya imzayı atıp satın almanız arasında üç günlük bir ara bırakın. ·

Bir arkadaşım bu öneriyi ciddiyetle uyguladı ve bu sebeple bana müteşekkir oldu. Ailesiyle birlikte bir otomobil satın almak istiyorlardı ve spor, lüks, şık, çok benzin yakan ağır bir araba buldular. Arabanın bagaj yeri de yetersizdi ama arkadaşımın tek düşünebildiği otobanda bu arabayla saatte 90 mil hızla giderken direksiyonda ne kadar görkemli görüneceğiydi. İmzayı atma dürtüsü çok yüksekti ama arabayı çok sevmiş olmasından ve belki de kalbinin aklına baskın geliyor olabileceğinden korkuyordu. Tam o noktada satıcıya eğer ilgilenirse üç gün sonra geleceğini söyleyerek oradan ayrıldı. Bir gün sonrasında arabanın ne masraflı olacağını, hızlı, spor bir model olduğundan fazladan sigorta maliyeti olacağını, yeterli bagaj yeri olmadığından tatillerde çok zorluk çıkaracağını ve birkaç ay sonra arabanın güzelliğinin kendisini o kadar da etkilemeyeceğini düşünmüştü. Ve eğer arabanın bu artısı değerini bu kadar hızlı kaybedecekse tüm diğer eksilerine neden katlanmak zorunda olsundu? Aylar sonrasında da kalbinin sesi yerine aklının sesini dinlediği ve meseleyi düşünmek için kendisine yeteri kadar zaman verdiği için memnundu. Üç gün ara verme yöntemi işe yaramıştı.

Bu yöntemin kendim için ve başkaları için bir ev satın almak veya yatırım yapmak gibi meselelerde işe yaradığını gördüm. Kendinize zaman tanımazsanız, bir malın veya durumun güzel yanlarıyla sürüklendiğinizi ve kimi kötü yönlerini göremediğinizi fark edeceksiniz. Sizin malın eksikliklerini görmenize veya kendinizi nasıl bir belanın içine soktuğunuzu fark etmenize izin verecek olan şey zamandır. Bu nedenle kendinize bu zamanı tanıyın. Bunu yapmalısınız. Bundan sonra eğer hala değişmediyse kararınızı uyguladığınızda, en azından ne elde edeceğinizin farkında olacaksınız.

Kahramanlığa Övgü

Size aptalca gelebilir ama iyi bir öz-disiplin geliştirmenin en önemli sırlarından biri budur. Önünüzde zor bir görev dururken ve duraksadığınızı hissettiğinizde takdir ettiğiniz kişilerin şu anda yüz yüze olduğunuz sorunun üstesinden gelebilmiş olduklarını düşünmek size belki de en faydalı şey olacaktır. Eğer onlar yapabildiyse siz neden yapamayasınız?

Bu bölümde Babe Didrikson örneğini verdim ve doğuştan yetenekli bir atlet olmasına karşın bir golf şampiyonu olmak için nasıl çok çalışmak zorunda kaldığını anlattım. Bir an için hatırlayın; sabahları işten önce golf kursuna gidiyor, işten sonra her akşamüstü golf sahasında oluyor ve hafta sonlarını tümüyle golfe ayırarak elleri su toplayıncaya kadar topa vurma egzersizi yapıyordu.

Atletizm alanında o denli yetenekli olan bir kadının bu kadar çok çaba sarf etmek zorunda kalmayı göze alması kayda değerdir. Bir başkası bu kadar zaman harcasa anlaşılabilir ama böyle yetenekli biri? Evet yetenekli biri bile bu çabayı harcamak zorunda. Babe doğuştan bir atlet ve mükemmelliğe ulaşmak için herkes gibi o da çok çalışmak zorundaydı. Varolan yetenekleri,antrenmanın ve çok çalışmanın değerini bilmesi sayesinde açığa çıkabildi.

Zaman zaman yorucu ve bitmek bilmez görünen bir işim olduğunda bu örneği izlemişimdir. Babe Didrikson'u ve kim bilir kaç kere yarım bırakacak gibi hissettiğini düşündüm. Ama bunu yapmamıştı, üzerinde fazla durmadan yapabildiği çok şey olsa da, doğal yeteneklerinin tam olarak yetişebilmesini istiyorsa, ağır çalışmanın her şeye rağmen gerekli olduğunu biliyordu. Böyleyken daha da çok çaba harcamazsam ben neyle yetinmiş oluyordum? Eğer onun başarıya ulaşması böylesi bir bağlılık gerektirdiyse benim başarmam için daha da fazlası gerekiyordu. Ve eğer başarmak için yapılması gereken buysa, o zaman kendimi düşündüğümden daha fazla zorlamam gerekecekti. Eğer bunu yaparsam, amacıma öncesinde düşleyebildiğimden çok daha fazla yaklaşmış olacaktım. Bunun böyle olduğunu birkaç kere yaşadım.

Beethoven'in Beşinci Piyano Konçertosunun piyano kısmı doldurulmamış bir kaseti eşliğinde bu konçertoyu çalmayı deniyordum. Bu kaseti 1972'de yılbaşı hediyesi olarak almıştım ve o günden beri piyanoda hemen hiç başka bir şey çalmadım. Şu anda birçok bölümü oldukça düzgün çalabiliyorum. Hatta bazı bölümleri ezbere çalıyorum. Tahmin ederim çalışmamın daha yumuşak hale gelmesi ve yakın arkadaşlarıma çalmaya hazır hale gelmem için bir-iki yıl daha çalışmam gerekecek.

Bu konuda akılda tutulması gereken şu: Bu parçayı çalışırken çok kötü hezimetlerle karşılaştım. Hiç de iyi bir piyanist değilim. Bu iş için çok az zamanım ve çok az yeteneğim var. Yine de şaşırarak (belki de şaşırmamam gerekirdi) eğer zor olan herhangi bir pasaja bir kerede ve satır satır çalışılırsa ve eğer bu yeterince sık gerçekleştirilirse, her pasajın amatörce de olsa çalınabildiğini gördüm. İşte öz-disiplinin sırrı buradadır: Yapmak iyi yapmaktan önemlidir ve pratik yaparak yetkinliğe ulaşılabilir. Ancak, Babe Ditrikson'a duyduğum takdir ve onun müthiş öz-disiplini benim işimi çok kolaylaştırdı. Birkaç kere konçertodaki kimi zor geçişleri öğrenemeyeceğimi, vazgeçmem gerektiğini düşündüm. Ama vazgeçmedim ve sonuna kadar çalıştım. Milyonlarca kere gerekçeler bulmaya hazırdım ama her seferinde geri döndüm. Vazgeçmem anlık olarak basit ve yapılması kolay bir şeydi, ama böyle yaparak hiçbir zaman hiçbir yere varamazdım. Dolayısıyla vazgeçmedim, aynen Babe Ditrikson'un yaptığı gibi. Parçayı bugün çalışımın ilk birkaç çalışımla ilgisi olmadığını söylemekten memnuniyet duyuyorum. Tüm bunların ötesinde bu deneyim sonunda tümüyle ödüllendirici ve zevkli hale geldi.

Bir yandan sizi mükemmel olmak zorunda olmadığınız yönünde ikaz ederken, bir yandan Babe Ditrikson'un şampiyon olmak için neleri göze aldığını anlatmakla tutarlı davranıp davranmadığımı merak ediyor olabilirsiniz, gerçekten de en önde gelmek ihtiyacı ile harekete geçmiş gibi görünüyor, ama o düzeyde doğal yeteneğe sahip olmayan diğerleri için mükemmeliyetçilik gerekmeden de çok çalışılabilir. Yapmak iyi yapmaktan önemlidir dememiz bizlerin de bağlılıkla ve istekli bir biçimde çalışamayacağımız demek değildir. Kendinizi çok hırpalamıyor, üzgün veya bunalımlı hissetmiyor olduğumuz sürece amaçlarımız doğrultusunda sağlıklı şekilde çalışıyorsunuz demektir.

5

SON UYARILAR

Başka Yolu Yok

Sorunlarımızla baş etmemizde bize yardım edecek bir tür büyüye inanma eğilimimiz o kadar güçlüdür ki "Alice Harikalar Diyarında"yı oynamaktan (gerçek sorunlarla karşılaşmadan) vazgeçmeyiz. Dışarıda olanın güçlüklerle dolu bir dünya olduğunu kabul etmek birçoklarına zor gelir. Oysa onu böyle kabul etmezseniz, silindir gibi üzerimizden geçecektir. Bu söylediklerimle, insanlara fazla güvenmenin çözüm olmadığını anlatmak istiyorum. Sakinleştirici ilaçlara dayanarak ya da sorunlar yüzünden içkiye yönelerek çözüm bulmanın mümkün olmadığını söylemek istiyorum. Hoşunuza gitmeyen işi terk etme alışkanlığı kazanmanın da işinize yaramayacağını söylemek istiyorum. Ayrıca, başarısızlıklarınızı gerekçelendirmek veya zor durumlardan sıyrılmak için sinir bozukluklarınızı öne çıkarmanın da çıkar yol olmadığını ifade etmek gerekiyor.

Uzmanlık alanımız son bahsettiğim manevranın insanların sorunlarını "çözmek" için kullandıkları bir yol olduğunun ayırtına varmıştır. Hastalarımdan birinin, işlerin zorlaşmaya başladığı her aşamada duygusal rahatsızlıklar geçirmekte üstüne yoktu. Onu, her defasında, duygularını hayatın tatsızlıklarından kaçmak için kullanmakla suçladım, örneğin bir iş bulmak zorunda olmaktan, karısıyla arasındaki sorunları çözmeye çalışmaktan, garajı temizlemekten ve benzeri şeylerden. Kendisini iyi hissetmediğini dolayısıyla iş bulamayacağını, evi boyayacak dermanı olmadığın veya sıradan bir insandan beklenenleri yapamayacak denli üzgün olduğunu söyleyerek tüm bu sorunlardan kendisini sıyırabiliyordu. Zihinsel rahatsızlık kozunu kullandığı sürece, cinayet suçundan bile yakayı kurtarabileceğini düşünüyordu.

Duygusal rahatsızlıklarını kendi dünyasına hile karıştırmak için kullandığını görmesi için harcadığım onca çaba en sonunda semeresini verdi. Üzerine yakınlarda bir yerde okuduğu bir sözü yazmış olduğu bir kumaş parçasıyla geldi bir gün. Yanlış hatırlamıyorsam üzerinde şuna benzer bir şeyler yazıyordu: "Üzerimdeki baskılar azalınca, her şey az da olsa yoluna girdiğinde bu sinir bozukluğumu atlatacağım. Bunun için çok uğraştım, buna hak kazandım, bu hakkı kimse elimden alamayacak."

Öz-disiplininizi geliştirmek için uğraşıyorkcn duygusal sorunlarınız olabileceğinin üzerinden atlayarak tüm çabalarınızın boşa gitmesine yo açmayın, çünkü bu sorunlarla sık sık karşılaşmamız neredeyse kaçınılmazdır. Böyle bir durumdayken öncelikli olarak yapmamız gereken şey sinir bozukluklarına rağmen ayakta kalabilmeyi becerebilmektir.

Betty hiç durmaksızın ne denli mutsuz biri olduğunu ve bazı şeyler farklı olsaydı ne kadar iyi olacağını söyleyip duran insanlardan biriydi. Ben de, ona, bu söylediklerine karşılık herhangi bir diğer insan kadar şansa sahip olduğunu; fakat duyduğu aşırı korku ve reddedilme kaygısı, mükemmel yapamadığı işlerle ilgili duyduğu suçluluktan dolayı, girdiği işlerden tecrübe sahibi olamadan çıktığını gösterebilmeye uğraşıyordum. İş başvurusu yapmayı beceremiyordu, çünkü onu işe almayacaklarından neredeyse emindi. Böylece hayatının ne kadar kötü olduğundan, bulabildiği işlerde canının ne kadar sıkıldığı ve dünyanın kendisine karşı neden çok acımasız davrandığından şikayet edip dururdu. Ona, istese de istemese de bu nevrotik düşüncelerden kurtulması gerektiğini söyledim. Bu söylediklerime inanmadı. Aslında oldukça büyük olan kapasitesini ortaya koyabilmesinin tek yolu buydu. Yüksekokula başlamıştı ama onu da aynı sebeplerle yarıda bırakmıştı: Korku ve zayıf bir öz-disiplin.

Daha sonra karşılaştığımızda, gruplarımdan birindeydi ve genellikle olduğu gibi son bir yıldır işsiz olduğundan şikayetçiydi. Sekreter olarak çalışmak istediğini söylemişti. Sekreter arayan bir tanıdığım olduğunu söyledim ve vakit kaybetmeksizin orayı aramasını sağladım. Birkaç saat sonra sonucun olumlu olacağını söyleyerek geri döndü. Ve gerçekten de işe alındı. Fakat işe başlar başlamaz çok da alışık olmadığı bir şey olduğunu anladı ve o kadar huzursuz oldu ki neredeyse yaslar bağladı. Böyle hisseder hissetmez ise bu haliyle çalışabilmesinin mümkün olmadığını düşündü. Dolayısıyla, işi bulmasının üzerinden iki-üç saat geçmemişti ki işten ayrıldı.

Bu kadın birinci dereceden nevrotik bir vaka olduğunu kabul etmediği müddetçe olgun ve güçlü bir insan olamayacak. Ancak sıkı çalışarak, korkularıyla yüzleşerek, kendisini acımasızca disipline ederek bir şeyleri değiştirebilir. İş bulmak bir şeyi değiştirmiyordu, sadece psikoterapi de yetersiz kalıyordu. Kendisiyle ilgili döktüğü gözyaşları bir şeyleri değiştirmiyordu. Kullanıyor olduğu ilaçlar da öyle. Olgun ve öz-disiplinli bir insan olabilmek çaba istiyor, hem de çok büyük bir çaba. Çaba harcamaya zor şartlarda ve çok üzgün olduğumuz durumlarda bile devam etmek zorundayız. Gerçekten hayat zordur. Hayatın bizler için de zor olabileceğini ve biraz rahatsız olsak da büyümeye devam edebileceğimizi ne kadar çabuk fark edersek, bu nevrotik eğilimlerin üstesinden de o kadar çabuk gelebiliriz. Bu dünyanın tüm haksızlıklara ve onu neredeyse bir tımarhaneye çeviren nevrotik insanlara rağmen kusursuz bir yer, hele de bir cennet olduğunu kesinlikle düşünmemeliyiz. Onu daha iyi kılmak için yapabileceğiniz tek şey düşler kurmaktan vazgeçip dünyayı, ne eksik ne fazla, olduğu gibi görebilmektir. Bunu ise ancak ve ancak sorunlarımızla yüzleşerek ve nevrotik düşüncelerimizden vazgeçip akılcı kararlar alarak başarabiliriz.

En Sona Eklenebilecekler

Yıkıcı bir depresyon veya suçluluk, düşmanlık duygusu veya size adil davranılmadığı için duyduğunuz üzüntü; tüm bunların üstesinden gelebilmeniz için çelikten bir öz-disiplin gerekmektedir. Bu rahatsızlıklara yenilmemeyi ne kadar istiyor olursanız olun, öz-disiplin ilkelerini hayata geçirmeyi beceremezseniz bunların her biri size acı çektirmeye devam edecektir.

Bu asla üzülmemeniz, heyecanlanmamanız gerektiği veya bu duyguları yaşıyorsanız kendinizi disipline etmeyi beceremiyorsunuz anlamına mı geliyor? Bu soruları önceki kitaplarımı okumuş bazı kişilerin söylemiş olduklarından yola çıkararak soruyorum. Bu kişiler, nasıl üzülünüldüğünün analizinin bir kere yapılmasından sonra artık en küçük bir rahatsızlık duygusunun bile duyulmaması gerektiği, duyuluyorsa da benim önerilerimin uygulanmıyor ve de disiplinli olmak başarılamıyor diye düşünmüşler.

Oysa bu kesinlikle doğru değildir. Eğer bu izlenimi verdiysem özür dilemem ve bunu hemen düzeltmem gerekir. Şunu kesinlikle unutmayın: Duygusal bir rahatsızlığın üstesinden gelebilmek için öncelikle böyle bir rahatsızlığınız olduğunun farkına varmanız gerekir. Depresyon yaşadığınızın farkına varmadan depresyon duyguları ile yaşamayı nasıl başarabilirsiniz ki? Gerçekten kızmaya başladığınızın farkına varamadan kızgınlığınızı nasıl bastırabiliriniz? Bu durumların geliştiğini fark ettiğiniz anda, denetiminizden çıkıp size acı vermeye başlamasına izin vermeden sorunun üzerine gidin. Depresif bir duygunun başlangıcı da ciddi boyutta olabilir ama daha başlangıcında fark etseniz bile konuşarak üstesinden gelemezsiniz, dakik ve disiplinli bir şekilde kendinizi soruna vermezseniz, depresyonun büyümesine izin vermiş olacaksınız.

Bu yüzden akılcı-duygusal terapi uygulayan bizlerin de sık sık gergin, kızgın ve depresif olduğunu rahatlıkla söyleyebiliriz. Ama şurası açık ki, biz bu duyguların başlangıç aşamasında üzerlerine gitmek ve onları yok etmek konusunda sıradan vatandaşlardan daha eğitimliyiz. Nevrotik duygular bir düzeye kadar herkes için kaçınılmazdır. Bundan sonra ilk üzüntü hissettiğinizde, yaşananların sizi çökertmesine izin vermeyin. Yapmanız gereken tek şey, nevrotik bir tepkinin oluşmaya başladığını fakat buna karşılık sizin de hayatınızın her anında karşınıza çıkabilecek bu sık rastlanan duygusal tepki biçimlerinin üstesinden gelebilecek bilgiye sahip olduğunuzun farkında olmaktır. Bundan sonra, bu kitap boyunca hakkında bir sürü şey öğrendiğiniz öz-disiplini, hissetmeye başladığınız nevrotizmi, ne derecede olursa olsun, tümüyle ortadan kaldırmak için kullanabilirsiniz. Bunu yapabildiğiniz zaman, çok güçlü ve duygusal açıdan dengeli bir insan olma yolunda eksiksiz bir biçimde yürüyor olduğunuzu rahatlıkla söyleyebiliriz.

Bir Uyarı

Kendinizi nasıl disipline edebileceğinizi anlatmak için çaba harcadıktan sonra, kitabın bu son sayfalarında iyi bir şeyi gereğinden fazla yapmamanız gerektiği konusunda sizi uyarmak istiyorum. Gereğinden fazla disiplin bazen en az disiplinsizlik kadar zarar verici olabilmektedir. Zayıf öz-disiplinin sizi mutluluklardan alıkoyabilmesi gibi aşırı disiplin de yaşamdan zevk almanızı engelleyebilir. Bu söylediklerime iyi bir örnek oluşturan Bob'dan bahsetmek istiyorum. O, yaptığı her şeyi inanılmaz bir yoğunlukla yaşıyordu. Bow-linge başlar başlamaz, yeni kıyafetler, yeni bir bowling topu ve yeni ayakkabılar aldığı beş tane bowling ligine birden kayıt yaptırıyordu. Beğendiği bir film olduğunda filmi bir gecede iki-üç kez izliyordu. Kendi işini kurarken, işin yürür hale gelmesini sağlamak için bir ay boyunca gece gündüz orada kaldı. Bu adam orta yol diye bir şeyden haberdar değildi. Herhangi bir şeyin ölçüsünü dengeli bir şekilde ayarlamayı bilmediğinden aynı zamanda hem bir faaliyete kendini vermesi ve hem de hayattan zevk alabilmesi mümkün olamıyordu. Yaptığı her şeyde, en sonunda onu gerçekten yoran bir aşırılığa düşüyordu.

Bazı insanlar niçin böyledirler? Bob gençlik yılları boyunca tembel biri olmuştu, fakat bu tembelliğin kendisine neye mal olabileceğini görebilecek kadar zekiydi. Bu musibetten kesin olarak kurtulmaya karar vererek, kendisi için, pek de mantıklı olmayan bir öz-disiplin eğitim programı belirledi. O kadar aşırı disiplinli biri haline geldi ki onunla olmak başkaları için hiç de keyifli olmamaya başladı. Ailesi, onun hayatının akışı içerisinde kendileri için bir yer bulamaz oldular. Açıkçası, Bob, bütün bunlardan dolayı süreç içerisinde ruhsal ve duygusal olarak harap oldu.

"Her şeyi kararında yapmak lazım" diye bir deyim vardır. Kendinizi geliştirmek için bir program belirlediniz diye fazlaca açılıp kendinizi kalıcı bir mutsuzluğa sürüklemeyin. Daha üretken bir insan olmak istiyorsanız kendinizi mantıklı sınırlar dahilinde disipline etmeye çalışın. Kaçamakların gelenek haline gelmesi üzerine daha öncesinde söylemiş olduklarıma rağmen, arada sırada tatil yapabilmeniz ve yapmak zorunda olduğunuz angaryalardan arada bir kaçabilmeniz gerçekten önemlidir; ancak, işlerin hiç umulmadık bir zamanda tepe taklak gidebileceğinin de farkında olun. İşleri denetim altına aldıktan sonra bir tavanı boyamaktan, dağlara tırmanmaktan ve bir dünya rekoru kırmaya kalkışmaktan çekinmeyin. Yapabileceklerinizin tamamını keşfetmek ve istediklerinizi gerçekleştirebilmek için çıktığınız yolculukta hepinize iyi şanslar.

BİREYSEL YATIRIM DİZİSİ (12 CİLT)

İMAJ FAKTÖRÜ
Çok çalışmak, vefalı ve güvenilir olmak, işe zamanında gelmek, işinizde ilerlemeniz için yeterli değildir. Size zaten işinizi iyi yapmanız için ücret ödenmektedir. Bir organizasyon içinde ilerlemeniz ilişkilerinizdeki etkinliğiniz kişisel imajınıza, yönetim tarzınıza ve görünüşünüze bağlıdır.
Bu kitap, işinde ilerlemek isteyen hırslı insanların kimlikleriyle görünüşleri arasındaki bağlantıyı araştırıyor. Uygun bir imajın güçlü etkisini ve bu imajın nasıl edinileceğini sergiliyor.
Sizde kişiliğinizi yansıtan bir imaja sahip misiniz? Kimliğinizi gerçek anlamda yansıtan imajı nasıl oluşturabilirsiniz? İMAJ FAKTÖRÜ bu anlamda okurunu ayrıntılı bir biçimde aydınlatmakta.

POZİTİF STRES YÖNTEMİ
Bazı insanlar stresle beslenirler. Bu kitap, daha az stresle de yaşanabileceğini gösteriyor. POZİTİF STRES YÖNETİMİ İngiltere'de iki büyük şirketin çalışanlarına hangi koşullar altında baskı hissettiklerini araştıran anketi içeriyor. Hemen uygulanabilecek ve bireysel stres değerlendirmenizi yapmanızı sağlayacak bu kitap, ayrıca çalışanlarınızın stres değerlendirmesi açısından ilginç.

MOTİVASYON EL KİTABI
Yüksek verim, esnek uygulamalar, azalan devamsızlık, artan kalite, daha iyi bir müşteri hizmetleri servisi. İşte iyi motive olmuş bir işgücünün getirecekleri. Personelin karar alma sürecine katılması, karşılıklı güvenin geliştirilmesi ve ortak bir görüşün oluşturulması motivasyonu oluşturan en önemli faktörler içinde yer almakta. Yöneticilerin karşılaştıkları problemleri içeren örnekleri kapsayan kitapta verimliliği arttıracak yirmiden fazla alıştırmayı siz de uygulayabilirsiniz.

SORUN ÇÖZME TEKNİKLERİ
Sorunlar ancak sistematik bir şekilde ele alındıkları ve ilgili insanların kendilerine özgü kişilikleri ışığında irdelendikleri takdirde, gerçekten çözülebilirler. Sorun çözme işlemi bir tekniktir ve yöneticiler bu konuda eğitilmelidirler.
Sorun çözme konusunda yapılmış geniş araştırmalara dayanan bu kitap, pratik önerilerle okurun günlük iş yaşamına hemen çözümler getiriyor. Yönetsel sorunları çözmeye yönelik hazırlanmış teknikler özel yaşam için de geçerliliğini korumakta.

ZAMAN HAYATTIR
Yazar "Zamanın kontrol edilmesi, yaşamın da kontrol edilmesi anlamına gelir" diyor. Yani yaşamınızın efendisi olacaksınız. 30.000'i aşkın kişiye yaşamını nasıl yöneteceği konusunda eğitimler vermiş olan yazarın ilginç öneri ve yöntemleri var. Bu kitapta;
- Gerçekten yapmayı istedikleriniz için zaman bulacaksınız.
- Yapmanız gerekmeyen işleri unutacaksınız.
- İşe koyulacak, ilerleyeceksiniz. Gecikmeleri ve sizi işinizden alıkoyacak etkenlerden kaçınacaksınız.

ZAMAN YÖNETİMİ
"Yeniden üretilemeyecek tek bir şey vardır; Zaman." Zamanı verimli kullanmak, üreterek tüketmek hem çalışanların, hem de yönetim kademesinin üzerinde önemle durduğu konulardan biridir.
İlginç örneklerin, pratik deneylerin ve anketlerin yer aldığı bir uygulama kitabı olarak hazırlanmıştır.

BİREYSEL YATIRIMDİZİSİ (12 CİLT)

HIZLI DÜŞÜNME VE CEVAP VERME YÖNTEMLERİ
Topluluk içinde ortaya çıkıp başarılı olmak için çelik gibi sinirlere ve elbette beceriye gereksiniminiz var. Bu, önemli bir iş görüşmesinde, medyanın karşısına çıkarken, bir satış yapmak için uğraşırken ya da bir seminer kürsüsündeyken de geçerlidir. Denenmiş ve başarılı olmuş 10 tekniğin aktarıldığı kitapta; iletişim tekniğinin geliştiğini, konuşmanızda akıcı ve ikna edici bir gelişmenin gözlendiğini, kişisel güveniniz ve güvenilirliğinizle mesleki bilginizin arttığını ve insanların sizi daha dikkatli dinlediklerini göreceksiniz.

BÜYÜK FİKİRLER OLUŞTURMANIN 101 YOLU
Her zaman kendiniz, işiniz ve müşterileriniz için iyi fikirler oluşturmak durumundasınız. Bu, bireyin gelişimiyle ilgili bir süreç. Yaratıcılığın ve gelişmenin belki binlerce yolu var. Ancak, yazar bu kitabında en çok kullanılabilecek 101 yöntemi betimlemiş. Okuruna hemen kullanım süreci yaratabilecek bu kitapta, ilginç öneriler, araştırmalar ve sorular var.

DOĞRU İŞE DOĞRU ELEMAN
Bu kitap, yeni elemanları işe alma ve onları eğitme konusunda daha etkili olmak isteyen bölüm yöneticileri için hazırlanmıştır. Artan istihdam maliyetleri ve verimli çalışmayan elemanların daha az göze çarpan maliyeti, personel seçim ve eğitimini her türlü işyeri için öncelikli bir görev haline getirmiştir. Kitap, eleman seçme, işe alma, motive etme, yerleştirme, eğitme ve geliştirme, performans değerlendirme sistemleri, örgütsel gelişim ve personel temsilinin çeşitli aşamalarını teknik bir yaklaşımla anlatıyor.

YARATICI DÜŞÜNME VE BEYİN FIRTINASI
Beyin Fırtınası, yaratıcı sorun çözümü konusundaki tekniklerin en bilinenidir. Yaratıcı düşüncenin oluşumunu engelleyen faktörlerin ortadan kaldırılması ve verimli düşüncelerin nasıl oluşturulacağını anlatan kitap, beyin fırtınası tekniğini sistematik bir biçimde öğretiyor.
Farklı sektörlerden değişik problemlerin ele alınarak beyin fırtınası örneklerinin verildiği kitapta, deneyimler paylaşılıyor.

BAŞARILI TOPLANTI
"İster oturum başkanı, ister konuşmacı, ister toplantı organizatörü olun, bu kitap sayesinde durumu kontrolünüz altına alabilirsiniz." diyor usta yazar Greville Janner.
Eğlendirici üslubu ile rahat okunabilir hale getirilmiş kitapta amaç, okurun denenmiş yöntemleri kolaylıkla algılaması ve uygulayabilmesi.
Kitap küçük ya da büyük, özel ya da genel, kişisel yada işle ilgili bütün toplantıları kapsıyor.

JAPON YÖNETİM TEKNİKLERİ
Japon Yönetim Teknikleri Batı'da işe yarayabilir mi? Bu kitap İngiltere'de kurulmuş bir şirketin Japon yöneticisiyle personel politikalarından başlayıp sistemlerin kurulmasına ve sürdürülmesine kadar bütün süreci gözler önüne seriyor.
Elemanların geliştirilmesinden, terfi, prim ve diğer ödüller, eleman seçimi ve eğitimi ile eski düzenden yeni düzene geçişin ayrıntıları da kitapta yer almakta.